Gela Salís

DAS IMPULSEBUCH

Bausteine für ein Leben in der Balance

SoMo Verlag Traunstein

Angelo widme ich dieses Buch als Dank für das Geschenk von unzähligen rosa Punkten - den Umarmungen für seine kleine Momi, als er mir über den Kopf gewachsen ist, den Stunden, in denen er mir ein kluger Gesprächspartner ist, unseren stressfreien Reisen, bei denen er sich als ein spannender Begleiter und ein entspannter Kofferträger erweist, für sein wunderbares Sosein.

Inhalt

2014 gründete ich ein Unternehmen, zu dem seit 2019 auch der SoMo Verlag Traunstein gehört.

Bei Gela Salís machte ich meine Ausbildung zur Persönlichkeitstrainerin und seither tauschen wir uns laufend beruflich aus.

So hatten wir situationsbedingt den Gedanken, Kurse online anzubieten.

Im Laufe der Konzeption wurde aus dieser Idee das Projekt

Stressbewältigung, Mentales Training und Persönlichkeitsbildung für ein Leben immer mehr in der Balance.

Während der gemeinsamen Zeit im digitalen Neuland, die ohne das Know how von Angelo B, unserem Producer, nicht so entspannt und effizient möglich gewesen wäre, entstand der Wunsch, Inhalte des Kurses auch in einem Buch zu veröffentlichen.

Stefanie Bartlweber

Mit Freude bin ich am Aufbau des SoMo Verlags Traunstein von Anfang an mit dabei. Ich kann mein Wissen und meine Erfahrungen, und meine Erlebnisse als Lehrerin, als Coach in der psychologischen Beratung von Klienten und als Trainerin in Weiterbildungen für Stressprävention und Mentaltechniken einfließen lassen.

Als ein ganz besonderes Glück empfinde ich es, dass Stefanie Bartlweber Interesse an meiner Arbeit gezeigt hat, dabei ihren eigenen Weg gefunden hat und wir uns jetzt perfekt ergänzen.

Lassen wir rosa Punkte, Wohlfühlmomente in unser Leben.

Ich erlebe sie im Zusammensein mit meiner Familie, mit meiner liebsten Freundin, mit unseren Tieren, in der Natur, im Garten und beim Schwimmen und beim Wandern, bei entspanntem Kochen und gutem Essen und … Rosa Punkte, die mir einfach zufliegen und rosa Punkte, die ich bewusst erlebe, immer dann, wenn ich mich im Einklang mit mir fühle.

Es ist meine Intention gewesen, als ich das Impulsebuch geschrieben habe, meinen Lesern rosa Punkte zu schenken, Impulse zu geben für Momente der Selbsterfahrung, eines wertschätzenden Miteinanders, des stressfreieren Umgehens mit herausfordernden Situationen, für ein Leben immer mehr in der Balance.

Gela Salís

ZUM UMGANG
MIT DEM BUCH

Das Buch ist dafür gedacht, es einfach intuitiv aufzuschlagen und die **Impulse** auf sich wirken zu lassen.
Linke und rechte Seite gehören immer zusammen.

Pfeile zeigen an, wenn für einen Text → vorgeblättert bzw.
← zurückgeblättert werden sollte.

Das Buch besteht aus Theorie, Übungsvorschlägen, Geschichten aus der Praxis, Affirmationen, Sprüchen, Zitaten, Haikus von der Autorin (EINE TRADITIONELLE JAPANISCHE VERSFORM, BESTEHEND AUS 3 ZEILEN MIT 17/5-7-5 SILBEN).

Inhalte finden sich im Onlinekurs **Inner Balance**
Stressbewältigung, Mentales Training und Persönlichkeitsbildung wieder.

Am Ende des Buches ist ein Platz für persönliche Bemerkungen vorgesehen – siehe **Notizen**.

Dieses Symbol bedeutet: Dieser Text ist auch zum Anhören auf:
www. sonnenmosaik.com/innerbalance

SONNE
MOSAIK

Bausteine für ein Leben in der Balance

Wofür steht die Sonne?
Wofür steht das Mosaik?

DIE SONNE,
ein Symbol für Licht, Wärme und ein Leben,
das von innen heraus erstrahlt ~

DAS MOSAIK,
ein Symbol für die vielen und individuellen Bausteine,
die zu einem Leben in Harmonie führen ~

UNSER MOTTO

Suche die Stille und nimm dir die Zeit,
um in deine eigenen Träume und Ziele hineinzuwachsen,
denn nur in einem ruhigen See spiegelt sich
das Licht der Sterne.

Es gibt viele Wege zum Ziel,
eines ist allen Wegen gemeinsam,
um zu sich selbst zu finden,
um bei sich anzukommen,
müssen wir den Wert der Stille erfahren,
uns Zeiten der Besinnung,
Oasen der Ruhe gönnen.

DAS LEBEN IST
EIN SONNENMOSAIK

STEFANIE BARTLWEBER

DIE BAUSTEINE

STRESSBEWÄLTIGUNG
Ganz bei sich sein, achtsam sein, gelassen sein,

MENTALES TRAINING
und im entspannten Zustand gedanklich
optimales Verhalten trainieren,

PERSÖNLICHKEITSBILDUNG
um in der realen Situation
- auch in Ausnahmesituationen -
angemessen handeln
und das körperlich-seelische Gleichgewicht
bewahren zu können.

Die Emotionale Stabilität
zu fördern, das heißt,
immer unabhängiger
von äußeren Umständen
ein inneres Gleichgewicht
zu finden und zu bewahren,
dies ist das Ziel unseres

„SONNENMOSAIKS".

DAS KONZEPT DES „SONNENMOSAIKS"

Physisch und mental entspannen

Mit inneren Bildern arbeiten

Denk- und Sprechweise bewusster wahrnehmen

Gefühle positiv lenken

Ziele klar definieren

Ressourcen aktivieren

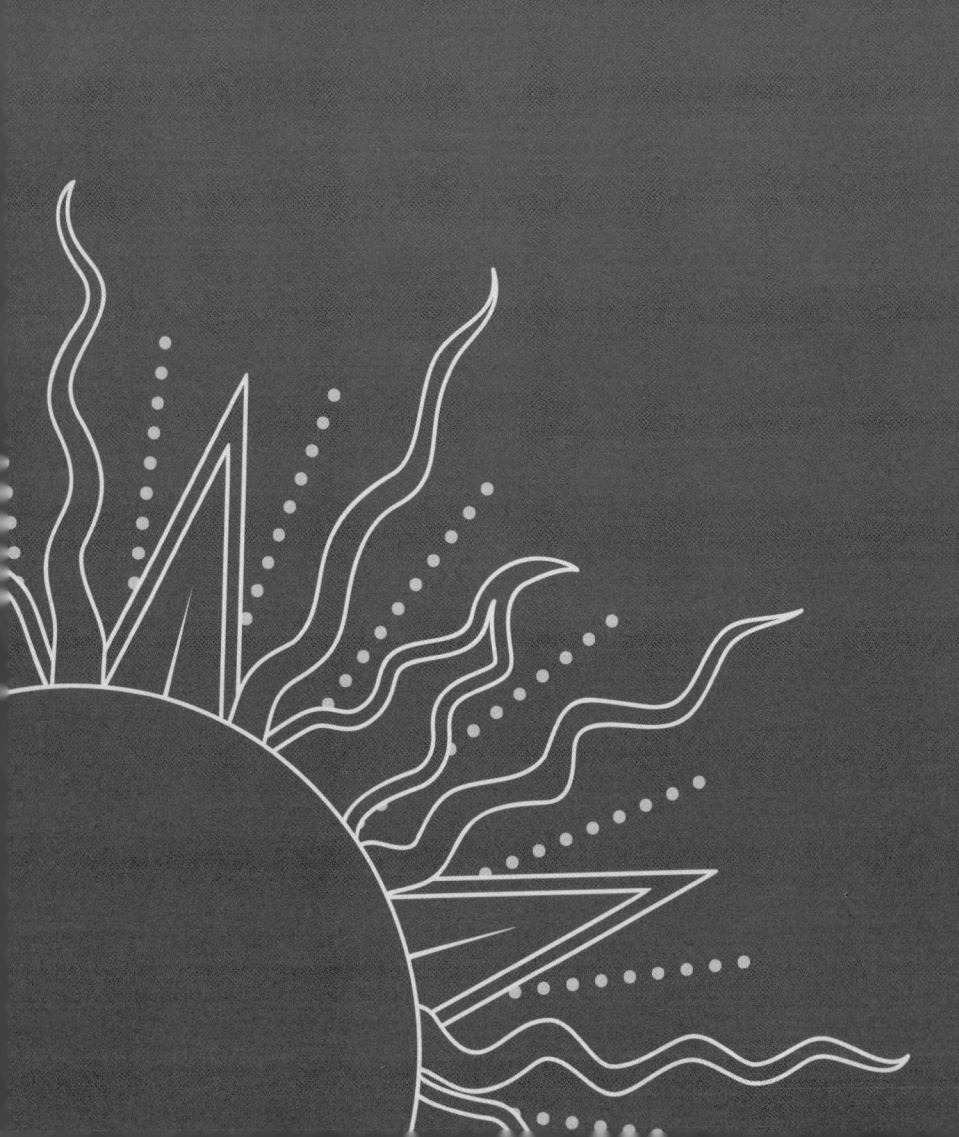

DIE

MACHT

DER

WORTE

DENKEN SPRECHEN FÜHLEN TUN

Wir verarbeiten unsere Sinneseindrücke gedanklich in Bildern und Worten.

Wortwahl und Gefühlswelt stehen in enger Relation zueinander.

Wenn wir uns immer öfter bewusst machen, wie wir mit der Sprache umgehen, – im Selbstgespräch und in der Kommunikation – lernen wir uns selbst immer besser kennen und können uns besser steuern.

Darin liegt eine große Chance für die Persönlichkeitsbildung.

Achte auf deine GEDANKEN,

denn sie werden Worte.

Achte auf deine WORTE,

denn sie werden Handlungen.

Achte auf deine HANDLUNGEN,

denn sie werden Gewohnheiten.

Achte auf deine GEWOHNHEITEN,

denn sie werden Charakter.

Achte auf deinen CHARAKTER,

denn er wird dein SCHICKSAL.

TALMUD

AFFIRMATIONEN

Wir können uns selbst steuern, autosuggestiv durch bestimmte Worte und kurze bekräftigende Sätze, Affirmationen genannt, mit denen wir unsere Grundstimmung positiv nachhaltig verändern und jeder Situation mit mehr Gelassenheit und Souveränität begegnen können.

Affirmationen werden kurz und klar formuliert und regelmäßig und überzeugt gedacht oder gesagt, im Stillen und auch in der Bewegung.

Eine Klientin erzählt:

Als junges Mädchen habe ich die Herzphobie meiner Mutter über-
nommen – nächtliche Panikattacken, am nächsten Tag Arztbesuch
mit EKG - alles in Ordnung und das Ganze als Endlosschleife.
Und dann, als ich wieder einmal im Wartezimmer saß, fiel mir ein
Wandspruch auf:

Im Herzen still
und ganz gelassen sein

Ich habe ihn gelesen, die Augen geschlossen und ihn mir vorge-
sagt, ganz langsam, mit ruhigem Atem.
Dieser Satz hat wohl etwas Wesentliches in mir berührt und meine
Selbstheilungskräfte wachgerufen.
Beim nächsten Anzeichen von Angstgefühlen habe ich meine
Hände auf mein Herz gelegt, ruhig geatmet und mir meinen Satz
vorgesagt:

Im Herzen still und ganz gelassen sein

Alles war gut – und alles ist gut geblieben.

←

Einer Klientin half eine Affirmation, allerdings über einen Umweg.
Sie wünschte sich sehr, einfach glücklich zu sein.
Die Affirmation *Ich bin glücklich* konnte sie nicht aussprechen. Dieser Ausspruch stimmte nicht für sie, fühlte sich nicht richtig an.
Zuvor musste sie sich selbst die Erlaubnis geben, glücklich sein zu dürfen.
Sie lernte, in Momenten der Achtsamkeit diese Sätze zu sagen:

**Ich will glücklich sein
und ich darf glücklich sein.
Das bin ich mir wert.
Ich bin glücklich –
jetzt –
in diesem Moment.**

Und das hat sich dann richtig gut angefühlt.

Eine Klientin sagte mit Nachdruck, von *Positiv Denken* halte sie gar nichts.

Formel von Coué

Es geht mir jeden Tag in jeder Hinsicht besser und besser

bezeichnete sie als totalen Unsinn und außerdem meinte sie: „Ich kann mich doch nicht selbst belügen!"

Der Aufforderung, zu sagen: *Es geht mir jeden Tag in jeder Hinsicht schlechter und schlechter,* verweigerte sie sich, musste lachen und war in Ultrakurzzeit von der Wirksamkeit dieser Affirmation überzeugt.

IMPULSE ZUM HINTERFRAGEN

Im mentalen Training versuchen wir, Denkprozessen so weit wie möglich auf die Spur zu kommen, denn Wortwahl und Gefühlswelt und Handlungen stehen in enger Relation zueinander.

Dazu hinterfragen wir limitierende Glaubenssätze, Vorannahmen, unspezifische Verben und Wertvorstellungen.

Man muss immer alles perfekt machen

MAN
Jedenfalls nicht ICH!

MUSS
Wer sagt das?
Hinter Hilfsverben liegen ganz
verschiedene Weltbilder

IMMER ALLES
Wie realistisch ist das denn?

PERFEKT MACHEN
Was genau meinst du damit?

←

Durch Hinterfragen kann es gelingen, aus bestimmten kontraproduktiven Mustern auszusteigen.
Die Vorannahme – *Im Urlaub werde ich immer krank* – ruft Stress hervor und macht anfälliger.

Stopp!

Diesmal nicht!

Nie mehr!

Mir geht es gut.

Ich bin und bleibe gesund.

Meine liebste Freundin sagt oft:

Uns kann nichts passieren, wir sind Sonntagskinder.

Sinnvoller als den Satz auf seinen Wahrheitsgehalt zu überprüfen, ist es, die Grundhaltung, die darin liegt, wertzuschätzen.

Ich vertraue auf die positive Kraft meiner Gedanken.

ICH BIN PERFEKT, SO WIE ICH BIN

Manche niedermachenden Sätze bleiben ein Leben lang im Gedächtnis. Sie können die Sicht auf die eigene Persönlichkeit beeinflussen.

Typisch Sie schon wieder!
Oh Gott! Diese Aussprache!
Soll das Englisch sein?
Du bist zu dick. Du bist zu dünn.
Du bist zu ungeschickt.
Das kapierst du nie. Du bist böse.
Rede nicht so komisch!

Ich lasse diese Aussagen gar nicht an mich heran, auch nicht in der Erinnerung. Damit outet sich nämlich mein Gegenüber als jemand, der mit sich selbst nicht im Reinen ist.

STOPP!
STOPP!
STOPP!
Ich höre nur blablabla.
Ich atme tief durch und sage zu mir
mit Nachdruck:

ICH BIN PERFEKT,
SO WIE ICH BIN.

ICH BIN MEIN
BESTER FREUND

Wenn wir uns bewusst machen, wie wir mit Sprache umgehen, im Selbstgespräch und in der Kommunikation, und wie dies unsere Gefühle beeinflusst, können wir uns selbst positiv steuern.

Negative Formulierungen, Vorannahmen können sich selbst erfüllende Prophezeiungen werden. Negative Gedanken, oft wiederholt, gehen als Lebensprogramm in das Unterbewusstsein ein.

Ebenso geht jeder positive Gedanke, oft wiederholt, als Lebensprogramm in das Unterbewusstsein ein!

~~Ich bin zu dick.~~
~~Ich bin zu dünn.~~
~~Ich bin zu ungeschickt.~~
~~Das kapiere ich nie.~~
~~Das geschieht mir recht.~~
~~Entschuldigung, meine Schuld.~~
~~Nie klappt es, es kann gar nicht klappen, hat noch nie geklappt.~~

Hören Sie sich bewusst zu
und sprechen Sie mit sich wie mit dem besten Freund.
Seien Sie liebevoll, ehrlich, empathisch,
voller Wertschätzung, voller Geduld, voller Güte!

Ich weiß, was ich kann.

Ich bin gerade recht, so wie ich bin.

Schritt für Schritt zum Ziel.

Ich fühle mich wohl.
Ich fühl mich mit mir wohl.
Ich fühl mich in mir wohl.
Ich fühl mich rundherum wohl.

MEINE RESSOURCEN

Können Sie ein Lob, ein anerkennendes Wort annehmen?

Können Sie sich selbst loben?

Legen Sie Zettel in ein Schatzkästchen, auf die Sie geschrieben haben, was Sie alles besonders gut können - worauf Sie stolz sein dürfen.

Lesen Sie sie immer wieder einmal durch mit einem Gefühl der Dankbarkeit im Herzen:

Das alles habe ich geschafft - danke -
ich schaffe alles, was ich will.

Eine Klientin erzählte, dass ihre liebste Affirmation heißt:
I am blessed.
Schöner kann man wohl ein Gefühl von Dankbarkeit nicht ausdrücken.

Ich bin dankbar für ...

VOM LOSLASSENKÖNNEN

Metaphern sind hilfreiche Botschaften in Bildern, Vergleichen, Sinnsprüchen und Geschichten.

Sie belehren auf eine Weise, die keine Widerstände erzeugt und zeigen Lösungsmöglichkeiten auf, wenn der eigene Blick durch Vorannahmen und blockierende Überzeugungen getrübt ist.

Jeder bekommt gerade den Denkanstoß, der für ihn relevant ist.

Der Schüler ging zum Meister
und fragte ihn:
„Wie kann ich mich von dem,
was mich an die Vergangenheit haftet, lösen?"

Da stand der Meister auf,
ging zu einem Baum
und umklammerte ihn
und jammerte:
„Was kann ich tun,
damit dieser Baum mich loslässt?"

ZEN-GESCHICHTE

Die Botschaft dieses schönen Spruchs
ist ohne langes Nachdenken offenkundig.

**Wende das Gesicht der Sonne zu,
dann fallen die Schatten hinter dich!**

AFRIKANISCHES SPRICHWORT

Dazu ein Haiku:

Den Blick nach vorne
Die Schatten bleiben zurück
Ich fühle mich frei

VOM LOSLASSENMÜSSEN

Wenn Abschied genommen werden muss und das Gefühl vorherrscht, dass das Beenden zu abrupt war, nicht in der eigenen Entscheidung lag, die gegenwärtige Phase nicht fertig gelebt war …

Es geht weiter, es muss weitergehen. Es fließt weiter, Panta rhei. Dagegen ankämpfen verursacht Verletzungen - bei uns selbst, bei Anderen. Wir können nichts erzwingen, was nicht in unserer Macht liegt. Und die Zeit läuft weiter. In der Vergangenheit zu verharren, nimmt uns den Blick auf die Zukunft, hindert uns daran, die Gegenwart bewusst zu leben.

Schmerzhafte Erfahrungen, die wirklich schlimm sind oder auch „nur" subjektiv als unerträglich empfunden werden, brauchen ihre Zeit, um verarbeitet zu werden. Dieser Zeit der Trauer, der Enttäuschung, der Verzweiflung muss Raum gegeben werden. Wie lange es dauert, bis man sich wiederfinden kann in der Gegenwart, die Gegenwart wieder bewusst wahrnehmen kann, lässt sich nicht verallgemeinern.

Wenn der Mensch spürt, dass er das, was er durchleben musste, annehmen kann, werden immer öfter Momente kommen, in denen er mit Dankbarkeit im Herzen auch zurückblicken, heilende Liebe spüren kann.

PANTA RHEI

HERAKLES

ALLES FLIESST.
ALLES IST IM WERDEN,
IN BEWEGUNG.

Zusammen gelebt

Jetzt bist du dort, ich bin hier

Liebe verbindet

HAIKU

EIN IMPULS ZUM FRAMING

Framing, eine unterschiedliche Formulierung eines Sachverhalts – bei gleichem Inhalt - beeinflusst das Verhalten des Empfängers auch unterschiedlich.

Ein Beispiel für Framing:

POSITIV DENKEN

SELBSTOPTIMIERUNG

EIN LEBEN IN DER BALANCE

Drei positive Begriffe, denen ein ganz unterschiedliches Weltbild zugrunde liegt. Es kommt eben auf den Rahmen an.

Eine typische Kritik an den beiden ersten Begriffen:
Ich habe *Positiv Denken* probiert, dann einen Kurs in *Selbstoptimierung* gemacht, hat alles nicht funktioniert. Deshalb sprechen wir im SonnenMosaik lieber von einem

Leben immer mehr in der Balance

als einer Lebenshaltung,
als einem Lebensziel,
als einem lebenslangen Prozess.

Lassen Sie uns mit „Satzzeichen Framing" aus diesem „gemeinen" Poesiespruch einen lieben Gruß machen!

Alles Böse wünsche ich dir

Fern vom Leibe bleibe mir

Alles Unglück treffe dich

Niemals denk an mich

AUS EINEM POESIEALBUM UM 1896
VOM TREUEN BRUDER HUGO AN SEINE SCHWESTER SOPHIE

Alles Böse wünsch ich dir fern vom Leibe.

Alles Unglück treffe dich niemals.

Denk an mich.

ICH WEISS, DASS ICH NICHT* WEISS

Wenn jemand sagt, *das alles glaube ich nicht, ich bin ein Kopfmensch, ich glaube nur, was ich sehe,* und damit das (noch) nicht Bewiesene meint, alle alternativen Heilmethoden etwa abwertend in einen Topf wirft, dann denkt er nicht ganzhirnig, gibt der Imagination, der Intuition - Fähigkeiten der rechten Gehirnhälfte - zu wenig Raum.

Zudem hat sich im Lauf der Zeit gezeigt, dass linkshirnig erworbene Erkenntnisse auch immer wieder neu überdacht werden müssen.

Ein geflügeltes Wort: Ich weiß, dass ich nichts weiß.
* Das fehlende s in der Überschrift ist Absicht.
Ich weiß, dass ich nicht weiß, bezieht sich auf ein Scheinwissen.
Man sollte hinterfragen, was man zu wissen meint.

SCIO QUID NESCIO

Wunder geschehen nie
im Widerspruch zur Natur,
sondern nur im Widerspruch zu dem,
was wir von der Natur wissen.

AUGUSTINUS VON HIPPO
RÖM. KIRCHENLEHRER
354 n.Chr. – 430 n. Chr.

DIE SINNES KANÄLE

WIR NEHMEN
DIE WELT ÜBER DIE
FÜNF SINNE WAHR

Das Gehirn verarbeitet seine Erfahrungen auf eine ganz individuelle Weise.

Man spricht von einer Sinneskanaldominanz, wenn ein Wahrnehmungskanal besonders stark auf Reize reagiert.

Die Wortwahl gibt Hinweise auf die Sinneskanaldominanz.
Ich bin im Bilde … sagen Sehtypen –
Dem stimme ich zu … sagen Hörtypen
Jetzt macht es klick … sagen Gefühlstypen!

VISUELLER SINNESKANAL SEHEN
AUDITIVER SINNESKANAL HÖREN
KINÄSTHETISCHER SINNESKANAL FÜHLEN UND SPÜREN
OLFAKTORISCHER SINNESKANAL RIECHEN
GUSTATORISCHER SINNESKANAL SCHMECKEN

Das sehe ich ein

Das klingt gut

Jetzt begreife ich

Wie reagieren Sie sinnesspezifisch auf bestimmte Begriffe, auf das Wort **Urlaub** zum Beispiel? Taucht ein Bild auf? Hören Sie etwas? Reagieren Sie spontan mit einem Gefühl? Riechen Sie etwas? Schmecken Sie etwas?

Seine eigene Sinneskanaldominanz zu kennen, um sein Lernverhalten entsprechend anzupassen, ist auch für Erwachsene interessant - ob man eher übers Auge Inhalte aufnimmt oder lieber zuhört, das eigene Tun braucht, um etwas zu begreifen.

DAS KONZEPT DES SOMO ONLINE KURSES „INNER BALANCE" ZUM BEISPIEL IST DARAUFHIN AUSGERICHTET.

←

MEIN MENTALER GARTEN

Die Fähigkeit zur differenzierten Wahrnehmung lässt sich trainieren.

Je ausgeprägter sie wird, umso bunter wird die Welt, die reale und die mentale Welt.

Die Beobachtungsgabe zu schärfen, gelingt am besten, wenn man sich gedanklich zurücknimmt und sich auf das konzentriert, was man vor Augen hat.

Wenn man dann die Augen schließt und laut beschreibt, was man gerade gesehen hat und nun visualisiert, kommt es zu einem die Gehirnleistung verbessernden Synergieeffekt von zwei Denkfunktionen, dem bildhaften Vorstellen und dem extern-sprachlichen Beschreiben.

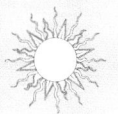

Übung:

Legen Sie sich einen mentalen Garten an, den Sie mit allen Bäumen, Büschen, Blumen und Kräutern bepflanzen, die Sie lieben.

Als ersten Schritt kann es helfen, erst einmal die äußeren Sinne zu aktivieren, sich also real zum Beispiel mit einer Lieblingsblume zu beschäftigen – wie sie aussieht, wie sie riecht, wie sie sich anfühlt, um dann die besondere Farbe, die ganz eigene Form, den ganz speziellen Duft mit geschlossenen Augen zu visualisieren.

Und so wie das Bepflanzen eines Gartens auch Zeit und Hingabe braucht, so können Sie sich meditative Zeiten gönnen in Ihrem Garten der Einkehr, zum Auftanken und zur Selbstfindung.

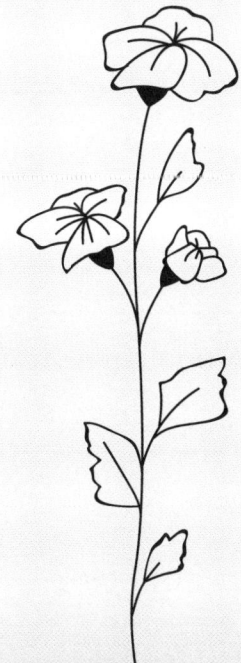

ICH BIN MEIN EIGENER REGISSEUR

Unser Verhalten ist unter anderem eine Reaktion auf Erlebtes und Erinnertes, und auch unsere Erwartungen, seien sie positiv oder negativ, nehmen Einfluss darauf.

Woran wir uns erinnern, was wir uns vorstellen und wie wir jetzt in der Gegenwart gefühlsmäßig damit umgehen, können wir mitbestimmen, bis zu einem gewissen Grad selbst kontrollieren.

Die natürliche Fähigkeit zum Visualisieren gibt uns die Möglichkeit, sich an schöne Dinge zu erinnern, sie wieder zu erleben, aber leider erinnern wir uns deshalb auch an unangenehme, belastende Situationen auf eine Weise, die wie in einem Film mit Endlosschleife im Innern ablaufen.

Wie kann man mental arbeiten, um Gefühle besser zu steuern?

Die Sinnessysteme Sehen, Hören und Fühlen kann man sich modellhaft als ein Ganzes vorstellen. Sobald man auch nur einen Baustein verändert, ist das Bild ein anderes. Veränderter Reiz, andere Reaktion.

Sie haben die mentale Freiheit, den Reiz in Ihrer Fantasie umzugestalten.

Üben Sie eine mentale Technik,

indem Sie einen Traum, der Sie noch tagsüber beschäftigt und negative Gefühle auslöst, umträumen und zu einem guten Ende bringen.

Steuern Sie Ihre Vorstellungskraft, indem Sie den Inhalt Ihres Traums, die Bilder, die Geräusche, die Aktionen verändern, mit allen Sinnen so lange verändern, bis Sie spüren, meine Emotion ist jetzt – ein gutes Gefühl.

Alter Film gelöscht, neuer Film, mein Film, selbst kreiert, gut gemacht.

IMPULSE FÜR EIN GESUNDES ESSVERHALTEN

Eine Diät im ursprünglichen Sinn ist eine Lebensführung in Übereinstimmung von klarem Denken und sinnvollem Handeln, denn ein gesundes Essverhalten entsteht aus einer akzeptierend fürsorgenden Beziehung zu sich selbst.

(AUDIOMENTALCOACHING PERFECT BODYFEELING)

Respektvoller **U**mgang mit **N**ahrung (**RUN**-Methode), das bedeutet
- kommerzfreie Information über gesunde Ernährung einholen
- bewusst einkaufen
- vollwertige Lebensmittel verwenden

Klienten, die ihr Wohlfühlgewicht nicht erreichen oder halten können, werden im Coaching nach der RUN-Methode beraten, d.h. Respektvoller Umgang mit Nahrung UND respektvoller Umgang mit sich selbst.

Gelassenheit und innere Zufriedenheit reduzieren Stress, stärken das Immunsystem und geben ein gesundes Körpergefühl, ein gutes Lebensgefühl.

In der Vollwerternährung zum Beispiel wird Wert daraufgelegt, dass täglich Frischkost aus Obst und Gemüse gegessen wird und naturbelassene Fette verwendet werden.

Gemieden werden sollten alle Fabrikzuckerarten, Auszugsmehle, alle Fabrikfette.

BEI UNVERTRÄGLICHKEITEN, ALLERGIEN, KRANKHEITEN INDIVIDUELLE INFO EINHOLEN!

MIT ALLEN
SINNEN GENIESSEN

Nicht nur, **was** man isst, die Qualität des Essens, sondern auch,
wie man isst, die Aufmerksamkeit, die man dem Essen widmet,
und wie man sich fühlt, während man isst, der Gemütszustand,
beeinflussen die Weise, wie die Nahrung verarbeitet wird.
Fängt man zu essen an, während man angespannt ist, setzt man
den Körper durch das Essen noch mehr unter Stress.

Ein kleines Ritual dient als Hilfe zum Abschalten von der Hektik des Alltags. Es ist ein geistiges Gewürz, das dazu beiträgt, Nahrung in Energie zu verwandeln.

Nehmen Sie sich bei Ihrer nächsten Mahlzeit eine kurze Zeit der Besinnung, bevor Sie anfangen zu essen.
Nehmen Sie das Aroma wahr,
dann den besonderen Geschmack,
nehmen Sie den ersten Bissen ganz bewusst zu sich.

Gute Gedanken begleiten den ersten Bissen
auf seinem Weg in den Körper:

Ich genieße mein Essen

Es tut mir gut

Ich esse langsam

Ich bin dankbar

...

Möchten Sie diesen „Diätvorschlag" ohne Hinterfragen akzeptieren? 😛

FASTENGEBOT

ERSTES FRÜHSTÜCK
Eine Tasse Kaffee und ungefähr eine Semmel dazu.
Milch, Zucker, Brot dürfen zusammen nicht mehr als 70g wiegen.

ZWEITES FRÜHSTÜCK
Zweites Frühstück darf gar keines genommen werden.

MITTAGESSEN
Mittags darf man sich satt essen,
doch darf das Mahl nicht über 2 Stunden für
die Deutschen dauern.
Für andere Europäer darf es nur 1 Stunde dauern,
da die Deutschen den Papst kniefälligst um Dispenz
ersucht haben,
da sie in 1 Stunde nicht fertig werden können.

JAUSE

Die Jause bleibt ebenfalls weg.

ABENDTISCH

Abends darf man ungefähr ½ Pfund essen.

1. Frühstück und Abendessen dürfen zusammen
keine 2. Sättigung ausmachen.

Bier ist erlaubt, da es nur kräftigend und nicht nährend ist.

Männer über 60 und Frauen über 50 Jahre sind vom

Fastengebot ausgeschlossen.

HANDSCHRIFTLICHE AUFZEICHNUNG
EINES REGENSBURGER APOTHEKERS UM 1890

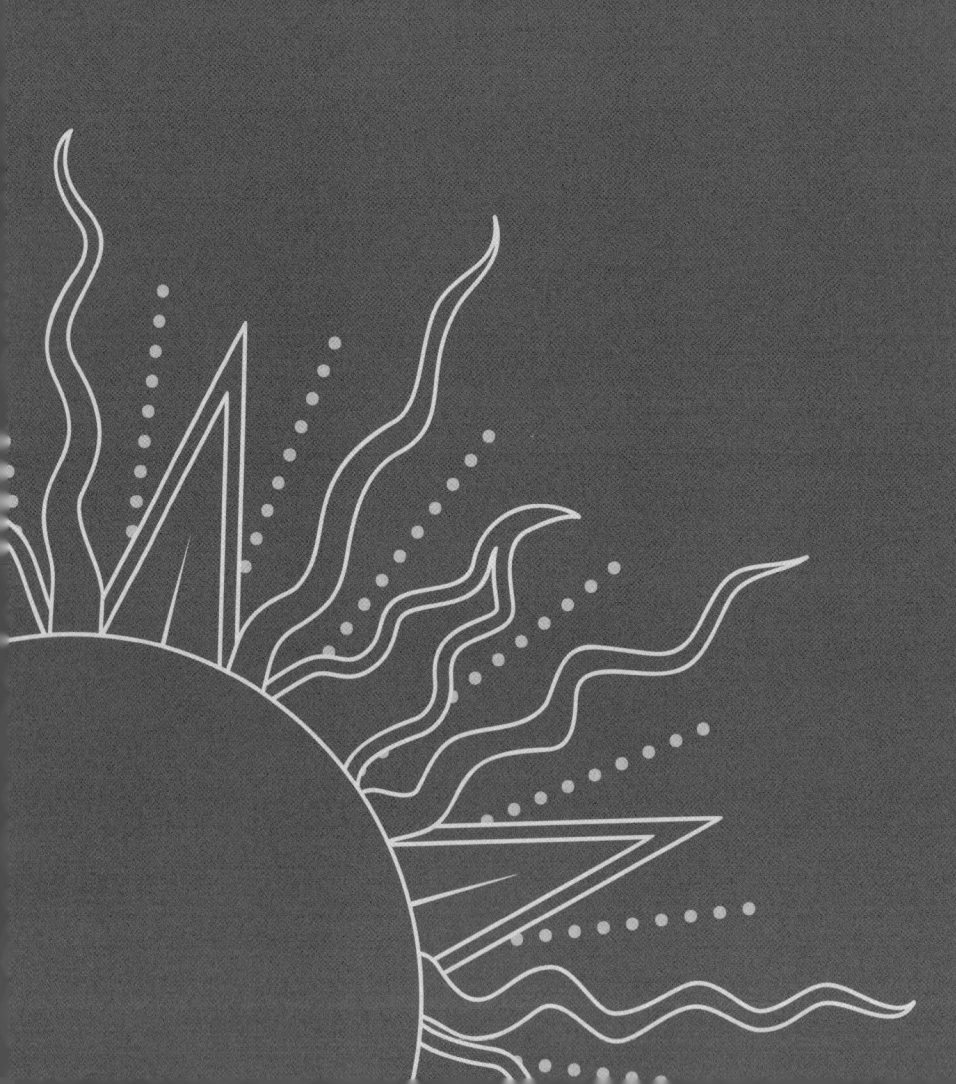

DER

ALPHA

ZUSTAND

IN ALPHA SEIN

Einen entspannt-konzentrierten Zustand mit nach innen gerichteter Aufmerksamkeit bezeichnet man als Alphazustand, bez. in Alpha sein.

Wenn die Gehirnwellen beider Gehirnhälften im gleichen Takt mit einer Frequenz von 7 bis 14 Hertz (SCHWINGUNGEN PRO SEKUNDE) pulsieren, spricht man von Alphawellen.

Der Alphazustand ist sowohl der ideale Regenerationszustand, als auch der ideale Lernzustand, denn auf diese Weise können die Potenziale der linken, der sachlich-analytischen und der rechten, der intuitiv-ganzheitlichen Gehirnhälfte optimal genutzt werden.

Ein einziges Wort etwa kann die Gedanken zur Ruhe kommen lassen. Wenn man den griechischen Buchstaben **Alpha** – die Bezeichnung für einen entspannt-konzentrierten Geisteszustand – mit geschlossenen Augen visualisiert, im Atemrhythmus mehrmals innerlich spricht

AL einatmen – **PHA** ausatmen

und dabei das Alphazeichen mit den Bewegungen der Augäpfel auf die Stirn zeichnet und sich dabei vorstellt, wie rechte und linke Gehirnhälfte immer mehr in die Balance kommen, kann das einen angenehmen Zustand entspannter Wachheit bewirken.

Das Wort **RELAX** zum Beispiel, diesmal ohne Wortbildvisualisierung,

RE einatmen – **LAX** ausatmen

verhilft zu einem wunderbar entspannenden Gefühl.

←

BRAIN GYM

Das corpus callosum, der Nervenstrang, der die beiden Gehirnhälften verbindet, kann symbolhaft als Brücke gesehen werden
– denken, fühlen und tun im Gleichgewicht.

BrainGym Übungen – Lernen durch Bewegung – verbessern die
Gehirnleistungen, weil sie ganzheitliches Lernen durch gleichzeit-
liches Aktivieren beider Gehirnhälften fördern.

Sie verbessern unter anderem die Grob- und die Feinmotorik, die
Konzentrationsfähigkeit, helfen bei Lese- und Schreibproblemen
durch die Augen–Hand Koordination und lösen Lernblockaden
auf.

Wie wäre es, wenn Sie sich über **Brain Gym Übungen** (Edu-Ki-
nesiologie) näher informieren möchten?
Die Übungen werden im Schulalltag eingesetzt und sie lassen
sich auch ins tägliche Fitnessprogramm und in die Minutenpausen einbauen.

2 Beispiele:
Die liegende Acht ähnelt dem Buchstaben Alpha ebenso wie dem Symbol der Unendlichkeit.

Beide Arme parallel ausstrecken, die Hände nah zusammenhalten. Eine liegende Acht vor sich sehen, mit den Händen nachfahren. Die Augen folgen dabei den Fingerspitzen.

Cross Crawl

Auf der Stelle marschieren im Rhythmus des Atems, die Arme schwingen, rechtes Bein und linker Arm, linkes Bein und rechter Arm gleichzeitig. Dann abwechselnd mit der Hand das gegenüberliegende hochgezogene Knie berühren – und dabei weitermarschieren.

ERST MENTAL
DANN REAL

Bereits durch das Sehen einer bestimmten Bewegung allein kommt es zu minimalen Muskelbewegungen, die sich mit der Elektromyographie (EMG) nachweisen lassen. Dieser ideomotorische Effekt lässt sich durch das mentale Vorstellen verstärken und durch Training weiter intensivieren.

Handlungen gelingen folglich leichter, wenn man sich im Geiste vorstellt, wie man sie mit Leichtigkeit ausführt, als sogenanntes **Preplay**.

Bewegungsabläufe im Sport können mental geübt werden, zeitgleich, in Zeitlupe, im Zeitraffer, jederzeit und überall und ohne Ausrüstung.

Gerade auch in verletzungsbedingten Trainingspausen oder wenn Abstandsregeln zu beachten sind, wird diese Technik erfolgreich angewendet.

Übung:

Das geistige Vorstellen von Bewegungsabläufen bereits fördert die Beweglichkeit. Überzeugen Sie sich selbst:

Beugen Sie sich zu den Zehenspitzen hinunter, merken Sie sich, wie weit die Fingerspitzen reichten.

Schließen Sie sodann die Augen, zentrieren Sie sich und wiederholen Sie die Bewegung einige Male im Geiste, in Zeitlupe, im Zeitraffer, zeitgleich.

Dann öffnen Sie die Augen und führen die Bewegung wieder real aus.

Es geht besser, besser und besser

←

Alltägliche Handlungen, die nicht einfach zu vollziehen sind, können vorab im Geiste visualisiert werden, wie sie geschickt und mit Leichtigkeit ausgeführt werden - zum Beispiel morgens aus dem Bett springen, eine Tablette schlucken, bei körperlichen Einschränkungen vom Stuhl aufstehen …

Nicht nur die Motorik kann durch das Visualisieren verbessert werden, auch das Verhalten ganz allgemein lässt sich mittels einer Vorschau positiv beeinflussen.

Im entspannten Zustand gedanklich
optimales Verhalten trainieren,
um in der realen Situation
- auch in Ausnahmesituationen -
angemessen handeln
und das körperlich-seelische Gleichgewicht
bewahren zu können.

DEFINITION DES MENTALEN TRAININGS

Bei Flugangst etwa kann es helfen, einen inneren Film zu kreieren, in dem man sich als souveränen Reisenden imaginiert, von der Vorbereitung über das Einchecken und den Flug bis hin zur Destination (und zurück!).

Mental, dann real
Es geht besser und besser
Ich kann das auch so

HAIKU

EINE NEUE CHANCE, SOFORT

Ist eine reale Aktion nicht geglückt, wiederholen Sie sie sofort ein paar Mal im Geiste, am besten mit angedeuteten Bewegungen, im **Replay,** wie sie richtig ausgeführt werden muss.

Auf diese Weise programmieren Sie Ihrem Körpergedächtnis nur die positive Referenzerfahrung ein.

Stellen Sie sich einen Tennisspieler oder einen Golfer vor, dem ein Schlag misslungen ist.

Er führt - bewusst oder unbewusst - sofort einige Trockenübungen aus, die den perfekten Schlag andeuten.

Warum macht er das? Nicht, um während des Spiels zu trainieren, er möchte vielmehr, dass eine negative Erinnerung gar nicht erst im Gehirn gespeichert wird. Die missglückte Aktion wird durch das richtig ausgeführte Tun überlagert.

Während des Spiels über eine missglückte Aktion nachzudenken, würde den Flow noch mehr stören.

Das Analysieren hat seinen Platz nach dem Spiel.

Zwei lateinische Begriffe:

SPIRITUS **ANIMA**

Deutsche Übersetzungen:

ATEM **SEELE**

GEIST

Ein INSPIRIERENDER Impuls zum Nachspüren:
animal (engl.) übersetzen wir nicht nur mit *Tier*,
sondern sehen in ihm auch das beseelte Geschöpf.

EINE ATEMMEDITATION

Lege deine Hände auf die Brust.

Achte auf deinen Atem.

Ganz wertfrei

Jetzt – Momente der Stille.

Dann lass dich ins Ausatmen sinken.

Genieße die Zeitlosigkeit.

Ausatmen – ankommen in der inneren Welt.

Bis irgendwann – jetzt oder bald

Wie absichtslos ein Impuls zum Einatmen kommt.

Ich atme und – es atmet mich.

Und ich erlebe mich

Geborgen im Jetzt.

Atem ist Leben.

IN KONTAKT MIT DEM INNEREN WISSEN

Im Entspannungszustand kann man auch in eine tiefere Bewusstseinsebene gleiten.

Man stellt sich etwa einen Weg vor, nicht einfach vielleicht, aber überwindbar, an dessen Ende ein Tor steht, das sich öffnet für die Begegnung mit dem Inneren Trainer/Coach/ Arzt/Heiler oder Schutzengel oder wie auch immer man diese nicht erklärbare, doch spürbare Energie, ein Symbol der Selbststeuerung, nennen will.

Diese Zeit der Imagination kann helfen, eine tiefergehende Einsicht in Beweggründe und Verhaltensweisen zu erlangen, Stimmungen besser zu verstehen, mehr Klarheit in Beziehungen zu bringen.

Unangenehme, ungute Geschehnisse allzu oft in unkontrollierten Tagträumen nachzuerleben, oder Vergangenes mit verklärten Blicken sehen zu wollen, damit schaden wir uns selbst.

Wenn wir Phasen bewusst abschließen, das Vergangene als Teil unserer Geschichte akzeptieren, verzeihen können, auch uns selbst, dann werden Erinnerungen an schöne, lustige, liebevolle Situationen immer wieder einmal auftauchen dürfen.

Eine **Klientin** hatte eine Beziehung, die sie schon längst beenden wollte. Sie schaffte es aber nicht, klare Worte zu finden.

Im Rahmen einer begleiteten Trance kam sie in Kontakt mit ihrem **Inneren Trainer:**

Sie war beim **Arzt,** der ihr auf einem Roentgenbild einen Fremdkörper in ihrem Brustraum zeigte.
Geht das auch mit sanften Methoden weg, fragte sie zögerlich.

Der Arzt sagte mit fester Stimme:
Wir dürfen keine Zeit verlieren. Das muss sofort operiert werden.

Am nächsten Tag trennte sie sich von dem Mann.

Es war ihr zum ersten Mal gelungen, mit klaren Worten und fester Stimme zu sprechen, sodass er zuhörte, verstand – und akzeptierte.

MAGISCHE MOMENTE SPEICHERN

Das *multisensorische Konditionieren* ist eine mentale Technik, die auf dem lerntheoretischen Prinzip beruht, Sinneswahrnehmungen mit psychophysiologischen Reaktionen zu assoziieren.

In einem gesteuerten *Flowerlebnis* imaginiert man multisensorisch einen hochmotivierten Zustand oder man erlebt diesen Zustand in einer originalen Begegnung und koppelt ihn mit einem Signal, einem inneren Bild, Worten, einer Geste.

Dieses Signal, in einer realen Situation bewusst ausgeführt, mobilisiert das Nervensystem innerhalb eines Augenblicks und der erwünschte Gemütszustand wird durch diese *Reiz-Reaktions-Koppelung* unmittelbar wieder erlebt.

Worte und Töne,
Gesten und Bilder
mit allen Sinnen erinnert,
für Momente des Glücks –
immer wieder erlebbar.

GELA SALÍS

Mein Magischer Moment

Ein Naturpark im Süden.

Es regnet heftig, hört plötzlich auf.
Die Sonne kommt wieder heraus,
Die Luft atmet auf.

Ein Sitzplatz im Park
Von der Natur geschaffen.
Die Bank ist aus Felsen,
Ein Vorsprung darüber, ein Dach,
Und vor meinen Füßen eine Vertiefung im Boden.
Ich hatte mich hier ausgeruht –
Und dann kam der Regen.

Und jetzt hat sich Alles wieder beruhigt.

Und ich höre nur noch die Tropfen,
Die vom Felsdach über mir
In das kleine vom Regen gefüllte Becken fallen
Und wieder hochspringen.

Ich strecke jetzt meine Hand aus
Und Wassertropfen fallen auf meinen Handrücken -
Leise und sanft.

Die Stimmung ist so besonders –
Das möchte ich bewahren.
Ich fühle die Quelle des Seins.
„Prickelnde Energie", diese Worte kommen mir in den Sinn –
Und ich spüre, wie ein Lächeln in meinen Mundwinkeln entsteht –
Und zu den Augen aufsteigt, sich einnistet grad wie von selbst.

Und ich lege die Finger meiner linken Hand
Auf meinen rechten Handrücken.
Und auf diese Weise ist er gespeichert, mein magischer Moment.
Ich atme tief durch und weiß,
Ich kann ihn abrufen, diesen Moment.

Immer wenn ich meinen Handrücken bewusst leicht berühre,
bin ich wieder in Kontakt mit diesem Erlebnis.

„Prickelnde Energie", Worte und Töne, Gesten und Bilder
mit allen Sinnen erinnert,
für Momente des Glücks – immer wieder aufs Neue.

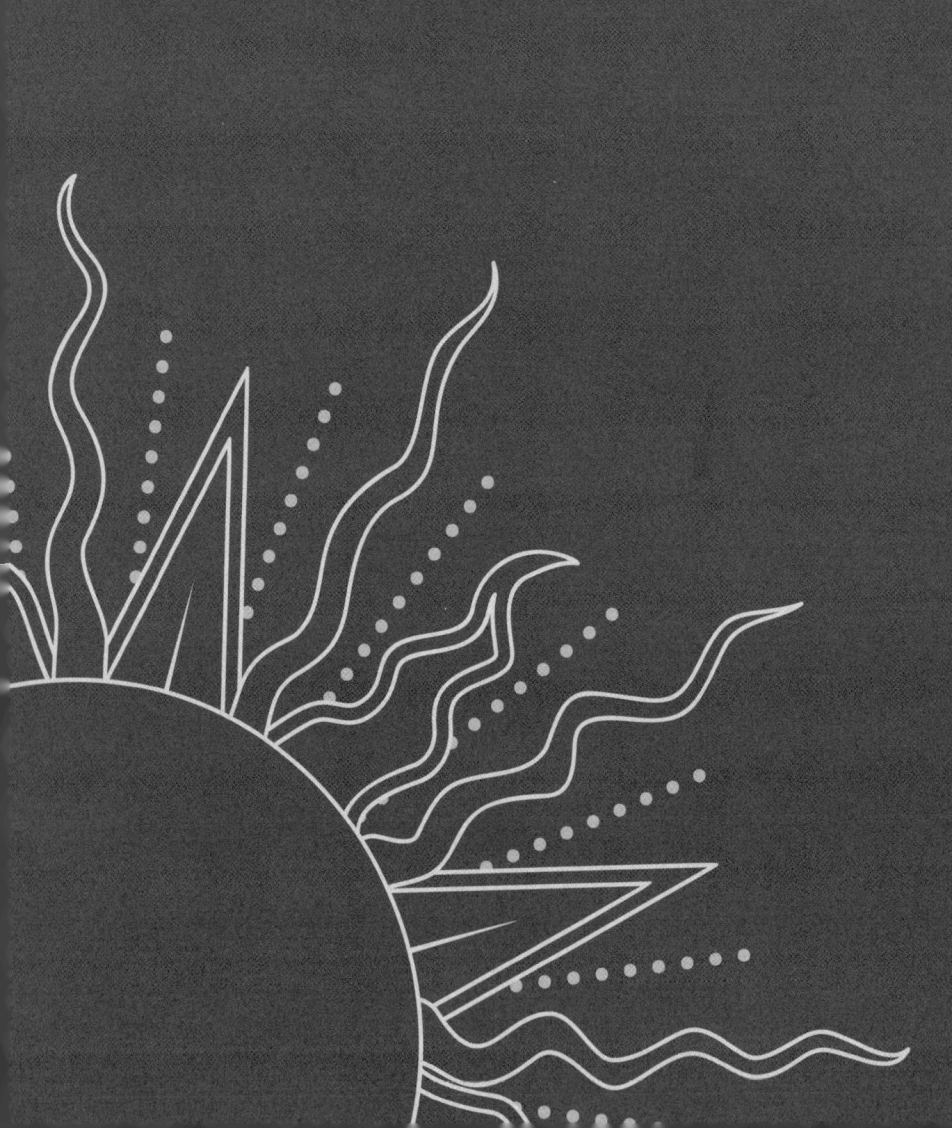

WOHL FÜHL IMPULSE

REIKI

Rei - die universale Lebensenergie
Ki - meine eigene Lebenskraft

Lebensenergie
pulsiert um mich und in mir
Bewusst erspürt - jetzt

HAIKU

DIE FÜNF LEBENSREGELN

Für heute lasse ich allen Ärger los.

Für heute lasse ich alle Sorgen los.

Für heute bin ich mir all dessen bewusst,
womit ich gesegnet bin.

Heute verrichte ich ehrlich meine Arbeit.

Heute bin ich freundlich zu allem, was lebt.

DR. MIKAO USUI

*Sie klingen so wenig spektakulär,
und dabei beinhalten diese „Regeln" wohl alles,
was eine gute Lebensführung ausmacht.*

HEALING HANDS

Das Besondere an der SoMo Massage
ist die Kombination aus Massage
und energetischen Handpositionen
in einer Atmosphäre von Stille und Achtsamkeit.

Meine Hände, meine energetische Hausapotheke

Nehmen Sie sich die Zeit, in Kontakt mit Ihren Händen zu kommen. Legen Sie Ihre Hände ineinander – spüren Sie, wie sie sich anfühlen, spüren die Wärme, die Struktur.

Der Handrücken, stabil und schützend, die Innenfläche, weich und sanft, Linien, die die Lebensgeschichte erzählen.

Bedenken Sie, was Ihre Hände tun – greifen, begreifen, tasten, streicheln, trösten, beruhigen, aufmuntern, arbeiten, zupacken und ruhen.

Meine Hände, mit denen sich meine Gedanken manifestieren, mit denen ich meiner Persönlichkeit Ausdruck verleihen kann.

Meine Hände, meine energetische Hausapotheke.

Die Hände dorthin legen, wo es wehtut – eine Berührung, die ganz selbstverständlich erfolgt.

Was ist der Unterschied zwischen Berühren und bewusst Berühren?

Es ist ein mentaler Zustand, der dir zeigt, dass allein die Achtsamkeit bewirkt, dass du deine Hände wahrnimmst als energetische Werkzeuge, die deine Selbstheilungskräfte aktivieren und auch heilend für Andere sein können.

**Vertrauen Sie
der Intuition Ihrer Hände!**

Mich durchströmt die Lebenskraft,
die Geist und Körper Heilung schafft.

Dies ist ein Spruch, der die **Selbstheilungskräfte** aktiviert.
Wenn Sie ihn im Sitzen oder im Liegen denken oder sagen, dann öffnen Sie beide Hände und stellen sich vor, wie die Energie in die Hände einströmt und dann den ganzen Körper durchflutet.

Im Stehen können Sie imaginieren, wie die Energie aus dem Boden durch die Fußsohlen kommt
– verwurzelt im Hier und im Jetzt –
oder wie sie von oben durch den Scheitel alle Zellen durchdringt –
offen und frei.

Vom Umgang mit physischem Unbehagen

Schmerzen werden ganz individuell wahrgenommen.
Eine Möglichkeit, eine gewisse Kontrolle über ein physisches Unbehagen zu bekommen, ist über die Sprechweise gegeben.
Man lässt den Schmerz mehr an sich heran, wenn man das Possessivum verwendet und sich so ausdrückt:
Mein Kopfweh – meine Rückenschmerzen.

Hilfreicher ist es, sich vom Schmerz sprachlich zu distanzieren
und zu denken und auch zu sagen:
die Kopfschmerzen - und **mein Kopf** und ich, wir schaffen das -
die Rückenschmerzen - und **mein Rücken**, stabil und frei.

Der Schmerz wird abgespalten und die Körperregion, die betroffen ist, bekommt Zuwendung.

Eine bewusste Wortwahl kann die Eröffnungsphase beim Geburtsvorgang etwas erleichtern. Wenn die Frau die Wehe als Welle bezeichnet und sich vorstellt, wie sie anrollt und wieder verebbt, kann das helfen, sich nicht gegen den Schmerz zu stemmen, ihn vielmehr anzunehmen.

Jede Welle bringt mein Baby weiter aus mir heraus,
und bald liegt es ganz nah bei mir auf meinem Bauch.

SCHMERZ, LASS NACH!

Übung:

Legen Sie sich bequem hin, atmen Sie ruhig ein und aus.

Sagen Sie zu sich: Die nächsten Minuten tue ich nichts anderes als meine Aufmerksamkeit darauf zu richten, die Kopfschmerzen zum Verschwinden zu bringen. (Bitte verwenden Sie nicht das „besitzergreifende" Possessivum *meine* Kopfschmerzen.)

Ich vertraue darauf, dass ich mich dann wieder ganz wohl und fit fühle.

Reiben Sie Ihre Stirn mit einigen Tropfen Pfefferminzöl ein und stellen Sie sich dabei vor, wie eine entkrampfende Wirkung eintritt, wie sich die Spannung löst.

Übersetzen Sie Ihre Körperempfindung in eine bildhafte Vorstellung und verändern Sie diese auf eine heilsame Weise.

Vielleicht ist es, als würde sich das Band, das auf den Kopf drückt, lockern oder der Bohrer seine Arbeit einstellen, oder das irritierende Rot sich in ein beruhigendes Blau verwandeln.

Ich kümmere mich gut um mich.

Mein Kopf ist frei.

Ich fühle mich ganz wohl und fit.

MEIN MENTALES GESUNDHEITSBILD

Kreieren Sie ein multisensorisches Bild von ganzheitlicher Gesundheit. Zur Veranschaulichung steht in Klammern jeweils ein Beispiel.

Lassen Sie sich davon nicht beeinflussen, sondern nehmen Sie sich die Zeit, Ihre ganz persönliche Imagination von Gesundheit zu finden.

Schließen Sie die Augen und konzentrieren Sie sich nach innen in dem Bewusstsein, auch in der Vorstellung die fünf Sinne des Sehens, Hörens, Fühlens, Schmecken und Riechens aktivieren zu können.

Wenn ich an Gesundheit denke, sehe ich einen wunderschön gewachsenen Baum ...

Wenn ich an Gesundheit denke, höre ich die Affirmation:
Mich durchströmt die Lebenskraft, die meinem Körper Heilung schafft. ...

Wenn ich an Gesundheit denke, fühle ich warmen Sand unter meinen Füßen ...

Wenn ich an Gesundheit denke, schmecke ich klares Wasser aus einer Quelle ...

Wenn ich an Gesundheit denke, rieche ich reine Luft an einem Frühlingsmorgen …

Bleiben Sie einige Atemzüge lang mit Ihrer ganzen Aufmerksamkeit bei Ihrem mentalen Gesundheitsbild und beenden Sie die Übung mit der Affirmation:

Ich bin gesund, voller Kraft und voller Leben

EIN HERZENSWUNSCH

Das Leben ist nicht kontrollierbar, aber ich möchte in der Erwartung leben, die Hoffnung haben, dass das, was mich in der Zukunft erwartet, etwas Gutes sein wird, etwas, das mich meinem Lebensziel, ein gelingendes Leben führen zu dürfen, immer näherbringt.

Dabei ist Ziele benennen, diese beharrlich verfolgen, und dabei auch Optionen erkennen, umdenken können kein Widerspruch, sondern eine weise Ergänzung.

Vertrauen Sie darauf, dass in der Rückschau diese Warnung für Sie nicht nötig war:

> Beware of
> What you want,
> You may get it.

Wollen Sie sich, sobald Sie den Text zu Ende gelesen haben, einige Minuten Zeit für sich nehmen?

Gehen Sie in einen entspannt-achtsamen Zustand, indem Sie die Augen schließen und ein paar Mal ruhig und tief ein- und ausatmen.

Stellen Sie sich dann mit allen Sinnen vor, wie es ist, wenn diese ganz besondere Wunschvorstellung Wirklichkeit geworden ist, was sich verändert hat, wenn das eingetreten ist, was Sie sich schon so lange erhofft haben.

Und dann schreiben Sie ein Zauberwort, das diesen Wunsch bezeichnet, in Gedanken auf einen Luftballon, atmen tief durch und lassen ihn los. Während Sie ihm nachschauen, wie er in den blauen Himmel aufsteigt, spüren Sie eine geduldige Erwartung, dass alles gut wird.

Wenn Sie dann die Augen wieder öffnen, bleiben Sie noch einige Minuten in diesem angenehm gelassenen Zustand.

Spüren Sie die Zuversicht, dass Ihre Vision Wirklichkeit werden kann, gerade so, wie Sie sich's erträumen, oder auf eine andere Art, vielleicht sogar noch besser als erwünscht.

Gott, schenke uns die GELASSENHEIT,

die Dinge zu akzeptieren,

die wir nicht ändern können,

den MUT, die Dinge zu ändern,

die verändert werden müssen,

und die WEISHEIT,

das eine vom anderen zu unterscheiden.

SERENITY PRAYER VON REINHOLD NIEBUHR
AMERIKANISCHER THEOLOGE, PHILOSOPH
UND POLITIKWISSENSCHAFTLER 1892-1971

Father, give us COURAGE to change
what must be altered,
SERENITY to accept
what cannot be helped,
and the INSIGHT
to know the one from the other.

DEN TAG MIT EINEM LÄCHELN BEGINNEN

Körper und Geist sind eine Einheit. So wie Gedanken im Körper Reaktionen hervorrufen, so kann auch der Körper die Gedanken, und folglich die Gefühle beeinflussen.

Ein Rat von Charlie Brown (Charles M. Schulz, Peanuts): Hängende Schultern, Kopf hängen lassen, schleppender Gang, tiefe Seufzer, sicherwirkende Mittel, wenn du mal so richtig down sein willst. Funktionieren todsicher.

Und funktioniert das auch andersrum?

Kopf hoch
freier Blick nach vorne
Schultern gerade
tief durchatmen
ein Lächeln entsteht
und schon geht`s mir besser.

ÜBRIGENS, WIE WÄRE ES, WENN SIE IHREM SPIEGELBILD
EINEN FREUNDLICHEN GUTENMORGENGRUSS UND EIN LÄCHELN
SCHENKEN WOLLEN?

PAUSESIGNALE

Der Mensch unterliegt einem Ruhe-Aktivitätszyklus, 90 - 120 Minuten Aktivität und 20 Minuten Ruhe, der sich 12 - bis 16mal am Tag wiederholt (ultradianer Rhythmus).

Körper und Geist zeigen mit bestimmten Signalen an, wenn sie eine Erholungspause brauchen. Man kann sich nicht mehr so gut konzentrieren, gähnt, gleitet in einen Tagtraum oder man wird schneller ungeduldig, fühlt sich gereizt, macht Fehler.

Wer ein freundschaftliches Verhältnis zu sich selbst hat, wird also zu sich sagen: Aha, ich verspüre meine Pausesignale und mache jetzt das, was in der jeweiligen Situation möglich ist, einige Male an der frischen Luft durchatmen, sich ein paar Mal dehnen und strecken, ein Glas Wasser, eine Tasse Tee trinken.

Ich lege eine Hand auf die Brust,
die andere Hand auf den Bauch.
Ich atme Kraft ein und spüre,
wie beim langsamen Ausatmen
Energie alle Zellen meines Körpers durchdringt.
Ich fühle mich entspannt und fit zugleich.

DIE GESCHICHTE VON DER AXT

Zwei Männer spalten den ganzen Tag Holz.

Der eine schuftet ohne Pause

und bei Sonnenuntergang

hat er ein ansehnliches Häuflein

zusammengebracht.

Der andere hackt eine gewisse Zeit

und ruht sich danach eine Weile aus,

und am Abend war sein Stapel der viel größere.

„Wieso hast du denn mehr als ich?"

fragte der erste.

Worauf sein Kumpel antwortete:

„Weil ich nicht nur eine Pause eingelegt,

sondern in dieser Zeit auch meine Axt

geschärft habe!"

EIN „WITZ"

Zwei Mütter unterhalten sich
über ihre erwachsenen Söhne.

Die eine sagt:
„Mein Sohn meditiert neuerdings.
Ich weiß zwar nicht, was das ist.
Aber es ist immer noch besser
als rumgammeln und nichts tun."

Stilles Sitzen, Meditation, Achtsamkeitsübungen, silent lunch sind Übungen, die vermehrt auch in Unternehmen praktiziert werden. Beweggründe sind Imagepflege, Produktivitäts- und Kreativitätssteigerung, Stressprävention.

Es ist schön, wenn ein Gesundheitsmanagement Mitarbeiter als Menschen, nicht als Roboter sieht, die zu funktionieren haben.

Auch Führungskräften kann eine Anleitung für sinnvolle Auszeiten gut tun.

Nur wer sich selbst führen kann, kann auch andere erfolgreich führen.

IMPULS FÜR EIN HARMONISCHES MITEINANDER

Wir leben gelassener, wenn wir sowohl die eigenen Signale erkennen, die ultradianen Stress anzeigen, als auch die Signale bei anderen wahrnehmen und akzeptieren.

Der eine baut Stress ab durch Bewegung, der andere zieht sich zurück und ruht sich aus.

Entspannt findet man wieder zusammen.

Gemeinsam am Tisch sitzen, das Essen genießen, erzählen dürfen, was man tagsüber erlebt hat, das sind unschätzbare Zeichen für ein lebendiges Familienleben. Es ist schön, wenn dies zumindest einmal am Tag möglich ist - gemeinsame Mahlzeiten in einer friedlichen Atmosphäre.

Und Spielen, Ausflüge machen, Vorlesen, Kuscheln, nicht als Pflichtübungen, sondern als eine Zeit, die Erwachsene und Kinder gemeinsam genießen -

und wenn dann noch ein Haustier dabei sein darf, ist dies ein wunderbares Geschenk, bleibende wertvolle Erinnerungen an eine harmonische Kindheit.

Die Pflanze war klein
Nicht zerren, sondern pflegen
Und jetzt ist sie groß

EIN KINDERFOTO VON DER AUTORIN

UND FÜR UNTERSCHIEDLICHES
ZEITVERSTÄNDNIS

Die Mutter ruft: JETZT!
Kind sagt ganz in Ruh: glei – eich.
Kommen wird`s JETZT GLEICH.

MEIN POWER NAP

Mein persönlich verbrieftes Recht auf mein tägliches Power Nap nennt ein Klient seine Mittagsruhe.

Er beschreibt das Prozedere wie folgt:

Ich lege mich auf eine Unterlage – Bett oder Matte – ganz gerade, Rolle unter den Nacken, die Arme neben dem Körper, nehme bewusst eine symmetrische Lage wahr, atme tief ein und aus und sage zu mir:

Ich schließe jetzt die Augen für 15 bzw. x Minuten.
Wenn ich sie wieder öffne, ist gerade die Zeit vergangen,
die ich brauche, um wieder ausgeruht zu sein.

Und das Erstaunliche ist, auf die Minute genau öffnen sich meine Augen!

Dies ist ein Beispiel für funktionierende Autosuggestion, und es ist ein Zeichen, dass Geist und Körper im Einklang sind.

Nutzen Sie die Wirkung von Suggestionen und steuern sich selbst, autosuggestiv durch bestimmte immer gleiche Satzmuster mit einer positiven Botschaft.
Durch die regelmäßige Wiederholung gelangen sie am Verstand vorbei in tiefere Bewusstseinsebenen und beeinflussen Emotionen und Verhalten.

Autosuggestion heißt:

Suggestion, die meiner Kontrolle unterliegt!

Annehmen – ein erster Schritt

Was es auch sein mag, das Sie bisweilen aus der Balance bringt,
Ich bin nervös - ich könnte vor Wut platzen - ich bin traurig -
ich bin enttäuscht -
ich kann mich beim Essen nicht beherrschen -
ich habe Kopfschmerzen -
ich kann nicht einschlafen -
ich hab` Angst vor dem Zahnarztbesuch morgen ...,
akzeptieren Sie für einen kurzen Moment, dass es so ist, wie es ist.

Atmen Sie tief durch und stellen Sie einfach fest:
Jetzt geht es mir gerade gar nicht gut.
Dieses Annehmen für den Augenblick erleichtert, entspannt,
nimmt Stress aus der Situation. Es ist der erste Schritt, ein kleiner,
aber sehr wichtiger Schritt auf dem Weg der Besserung.

Alles wird gut – alles ist gut, jetzt oder bald.

DIE SOMO BALANCE FORMEL

Ich bin in jedem Augenblick meines Lebens
ganz ich selbst.

Bisweilen komme ich aus der Balance.

Ich darf aus der Balance kommen.

Ich will wieder in die Balance kommen.

Ich werde wieder in die Balance kommen.

Ich bin wieder in der Balance.

EINE MENTALE
AUFWÄRMÜBUNG

Jeder kommt immer wieder einmal in bestimmte Situationen,
in denen er sich überfordert fühlt.

Die Palette der emotionalen Reaktionen kann von einem mulmi-
gen Gefühl bis zu Panik reichen.

Die folgende Strategie gilt für alle Fälle.

Akzeptieren Sie für den Augenblick, dass es Ihnen schwerfällt, *es
zu tun*.

Sprechen Sie so zu sich: Es fällt mir nicht leicht, *es* zu tun.

Betonen Sie dabei das Wörtchen „leicht".

Ermutigen Sie sich mit einer kurzen Aufforderung:

Du schaffst *es* - du sagst *es* - du tust *es* - jetzt!

Verändern Sie bewusst Ihre Körperhaltung - gerader Rücken, Schultern locker, Kopf hoch - und achten Sie darauf, wie der Körper die sich verändernde positive Geisteshaltung ausdrücken will, mit einer bestimmten Bewegung, einem besonderen Laut etwa. Atmen Sie tief durch und stellen Sie sich vor, dass es gut gegangen ist, dass Sie es geschafft haben.

Machen Sie ein mentales Foto von der Situation, wenn Sie **es** erfolgreich hinter sich gebracht haben und sagen Sie dabei:

Ja, ich mache es - ich sage es - ich schaffe es - jetzt –
und es geht gut - und es geht sogar sehr gut.

Ich fühle mich stark, sicher und im Gleichgewicht.

STRESSRELEASE

Stellen Sie sich aufrecht hin, die Füße parallel in geringem Abstand nebeneinander, die Schultern locker nach unten.

Schließen Sie die Augen und spüren Sie den Kontakt Ihrer Füße zum Boden.

Konzentrieren Sie sich auf Ihren ganz natürlichen Atemrhythmus.

Atmen Sie mehrmals durch die Nase ein –

und kräftig durch den Mund aus.

Ballen Sie die Hände zu Fäusten

und spannen Sie an, während Sie einatmen –

und lassen los, während Sie ausatmen.

Und Sie stellen sich vor, wie beim Ausatmen aller Stress,

aller Ärger entweicht,

die Anspannung wie Fesseln von Ihnen abgleitet,

und ein – und ausatmen.

Strecken Sie sich, dehnen Sie sich.

Klopfen Sie dann den Körper kräftig aus, schütteln Sie sich

und zentrieren Sie sich wieder.

Reiben Sie dann Ihre Handflächen eine Weile aneinander –
und legen Sie sie auf die geschlossenen Augen.
Legen Sie Zeige- und Mittelfinger an die Schläfen
und massieren Sie sie sanft mit kreisrunden Bewegungen.
Legen Sie die Fingerspitzen auf neurovaskuläre Punkte der Stirn-
beinhöcker -
das aktiviert die Zusammenarbeit der rechten und
der linken Gehirnhälfte.
Atmen Sie tief durch, lassen Sie die Arme sinken und sagen Sie:

Ich bin entspannt und ruhig.
Ich bin konzentriert und fit zugleich.

„Chakra" ist Sanskrit – die heilige Sprache der Hindus - und bedeutet Energiezentren, die durch energetische Kanäle den physischen mit dem feinstofflichen Körper verbinden.

Auch hier wieder ein Impuls:
Es gibt viele Wege zum Ziel, und ein ganz bestimmter Weg berührt mich und ich habe das Bedürfnis, mich kundig zu machen und es kann sein, dass es gerade das ist, wonach ich gesucht habe.

EINE SOMO CHAKRAMEDITATION

Immer wenn ich
SoMo denke,
und Alpha atme,
habe ich Zugang zur
SoMo-Alpha-Welt,
einer Welt voller
Stärke und Kraft,
Energie und Freiheit,
Weisheit und Mut,
einer Welt,
in der ich
bedingungslose Liebe,
unendliches Verstehen,
grenzenloses Verbundensein
immer öfter, immer selbstverständlicher
erfahren und leben darf.
Ich lausche dem Klang meiner Stille.

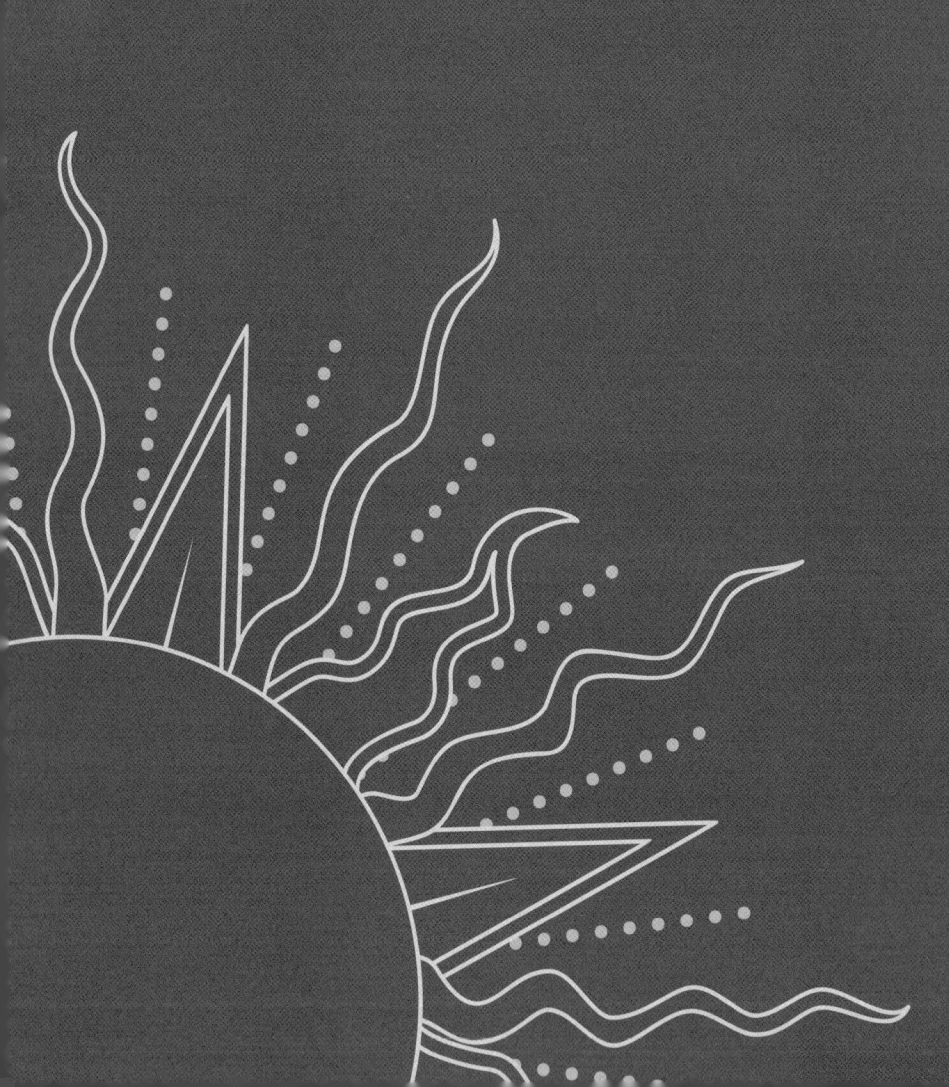

SELBST STEUERUNG

WORK - LIFE - BALANCE

Das geflügelte Wort *Carpe diem*, allgemein bekannt als *Genieße den Tag*, auch *Nutze den Tag* wird genau übersetzt mit *Pflücke den Tag*. Pflücken, ernten sind Verben, die in uns Bilder aus der Natur, aus der Erntezeit erzeugen.

Als Metapher mag dieser Ausspruch bedeuten, dass wir heute das ernten dürfen, was wir in der Vergangenheit gesät haben.

Die Botschaft dieser Metapher:
Mit offenen Sinnen und rechtem Handeln in der Gegenwart leben, den Augenblick bewusst wahrnehmen und nichts tun, was uns in der Zukunft schaden könnte, und das tun, was wir als Ressource in unser mentales Schatzkästchen legen können.

CARPE DIEM

HORAZ, RÖM. DICHTER - 65 v.Chr. – 8 v.Chr.

Pflücke den Tag

Nutze den Tag

Genieße den Tag

Jetzt – in diesem Moment

ZU VIEL – ZU WENIG

Eine allgemeine Beschreibung von Stressempfinden heißt:

**Ein Stressor ist das, was den Menschen
aus der Balance bringt.
Man hat entweder ein Zuviel oder
ein Zuwenig in seinem Leben.**

Zeitdruck gehört zu den größten Stressoren.
Wenn man sich die Fragen stellt:
Habe ich **zu viel Zeit** oder habe ich **zu wenig Zeit**?
Warum ...? Wofür ...?
dann heißt das, mit seiner Lebenssituation konfrontiert zu werden.

Es gibt Lebensphasen, in denen man so viel zu stemmen hat, einem so viel abverlangt wird, der Berg, der vor einem liegt, unüberwindbar erscheint, dass der Rat, das Zeitmanagement besser in den Griff zu bekommen, gar nicht gut ankommen wird. Entlastender kann es sein, gemeinsam kleine Lichtblicke zu suchen, Oasen der Erholung zu finden.

Geben Sie sich jetzt eine heilsame Zeit des Innehaltens,
nicht zum Nachdenken, sondern nur zum Hinspüren.

Ich schließe die Augen und schicke meinen Atem in meine Hände.
Dann öffne ich beide Hände.
Ich lege in eine Hand meine Zuviel,
in die andere Hand meine Zuwenig in meinem Leben.

Meine Hände bewegen sich leicht und ich begreife
jetzt – in diesem Moment,
dass einige Augenblicke des Innehaltens helfen,
immer öfter in der Balance zu sein.

Dann lasse ich meine Arme sinken und schüttle meine Hände
leicht aus.
Ich verschränke meine Hände ineinander und sage zu mir:

Ich bin ausgeglichen.
Ich bin gelassen und im Gleichgewicht.

Ich spüre dem guten Gefühl nach, einige Augenblicke lang
eine heilsame Zeitlosigkeit erlebt zu haben.

IMPULSE ZUM ERFOLGREICHEN LERNEN

Kennen Sie und befolgen Sie gehirngerechte Lernstrategien?

Berücksichtigen Sie Ihre Sinneskanaldominanz?

Lernen Sie folglich lerntypgerecht?

Haben Sie einen passenden Arbeitsplatz? (siehe S. 170)

Zeit, die Sie in das Berücksichtigen Ihrer ganz persönlichen typgerechten Lern- und Arbeitsweise investieren, zahlt sich wirklich aus.

To do Listen entlasten das Arbeitsgedächtnis und können sogar Spaß machen. Achtung: der Planung folgt die Umsetzung, und die kann sicherlich auch Spaß machen, wenn man eine Basis für erfolgreiches Lernen und Arbeiten geschaffen hat, die ganz individuell passt.

Sinneskanaldominanz: die Aufnahme von Informationen geschieht vornehmlich über das Auge oder über das Ohr oder über Körperempfindungen. Das heißt, kann ich mir etwas leichter merken, wenn ich es höre oder wenn ich es selbst lese? Fällt mir Lernen leichter, wenn ich dabei in Bewegung bin?
Daraus eben lässt sich **lerntypgerechtes Arbeiten** ableiten!

Mit der Formel 1 Tag – 1 Woche – 1 Monat (am nächsten Tag, nach einer Woche, nach einem Monat wiederholen) werden Informationen im **Langzeitgedächtnis** gespeichert.

Inhalte sollen in **Teilzielen** erarbeitet werden.
Am Anfang jeder Lerneinheit steht eine **Rückschau** auf das Erlernte. Am Ende jeder Lerneinheit steht eine **Vorschau** auf das zu Erlernende.

EIN MENTALER MERKZETTEL

Ein zuverlässiges Gedächtnis beruht auf zwei Prinzipien: der Imagination und der Assoziation. Das bedeutet, um sich an eine Zahlenfolge erinnern zu können, verknüpft man sie mit einem Objekt und illustriert sie mit inneren Bildern. Dadurch werden in der Zeit, in der Informationen im Kurzzeitspeicher liegen, Sprach-, Zahl und Bildinformation verbunden. Es sind also beide Gehirnhälften aktiv, Denken erfolgt ganzheitlich.

Beispiel:
Nehmen wir die Zahlenfolge 007 10 420.
James Bond (Geheimagent 007) schleicht sich an ein Haus heran, das die Hausnummer 10 (Downing Street) hat. Er zieht vor der Haustüre seine Schuhe aus (Schuhgröße 42) und stürmt in ein Zimmer – keiner da (0).
Innere Bilder sind umso einprägsamer, je farbiger, bewegter, komischer, übertriebener, emotional ansprechender sie sind.

Noch ein Tipp:
Eine Strategie betrifft das Bündeln von Informationen.
Die Zahl 00710420 hat 8 Stellen. Ein Durchschnittsgehirn kann auf einmal nur maximal 7 Einzelinformationen erfassen. Wenn man die Zahl also aufteilt in 007 144 20, reduziert sie sich auf 3 Lerneinheiten, chunks genannt und auf der mentalen Pinnwand ist sogar noch Platz frei.

Ein Zweibein sitzt auf einem Dreibein und isst ein Einbein. Da kommt ein Vierbein und nimmt dem Zweibein das Einbein weg. Da fällt das Zweibein um und das Vierbein sitzt jetzt auf dem Dreibein.

Bitte lesen und auswendig schnell nachsagen!

Gar nicht so einfach, stimmt`s?

Mit einem inneren Bild assoziiert ist es kinderleicht,
sich diesen Satz zu merken.

1bein - Banane
2bein - Kind
3bein - Schemel
4bein - Affe

EINGEFAHRENE ARBEITSWEISEN

Eine **Klientin** berichtet von ihrem Einstieg ins Lesen von englischsprachiger Lektüre:

Ich habe es trotz neun Jahre Englischunterricht im Gymnasium nicht geschafft, Bücher, die mich interessieren, im Original zu lesen.

Was war der Grund? Aus meinem Perfektionsdenken heraus habe ich jedes mir unbekannte Wort nachgeschlagen.

Der Flow ist weg, wenn man jedes unbekannte Wort nachschlägt!

Meine Strategie: Ich habe ein Buch gekauft, das nicht literaturpreiswürdig ist, aber eine Millionenauflage hat. Na ja, ich kann`s gestehen. Es war ein Danielle Steel Schmöker.

Der innere Film, der während des Lesens ablief, war mal verschwommener, dann wieder klarer – ich habe einfach weitergelesen! Zum Entspannen lese ich seitdem nur Bücher in englischer Sprache. Plötzlich verstand ich auch den Inhalt von englischen Songs und ich bekam Spaß am Schauen von Filmen und Serien in der Originalsprache.

Das Nachschlagen von unbekannten Wörtern bleibt den Situationen und Sachtexten vorbehalten, die präzise Information erfordern.

Ein **Teilnehmer**, bekennender Workaholic, wurde in einem Selbsthypnosekurs aufgefordert, Block und Bleistift fürs Mitschreiben wegzulegen und zu sagen:
Ich merke mir gerade das, worauf es ankommt.

Er hat die Anweisung befolgt und ist für eine Stunde in eine **heilsame Trance** gefallen.
Der Kurs ging weiter, was er sich gemerkt hat, weiß wohl keiner.

PRAE <-> PRO

Präcrastination und **Pro**crastination sind gegensätzliche Arbeitsstörungen.

Als **Präcrastination** wird ein **Erledigungsdrang** bezeichnet, immer alles sofort erledigen zu müssen, sei es im Alltag und/oder im Beruf.

Das gute Gefühl, etwas erledigt zu haben, und den Erfolg, Il Dolce far niente, das süße Nichtstun, nicht als Lebensstil, sondern als Oase zum Auftanken zu genießen, kann nicht entstehen und gelebt werden, weil etwas Neues wartet, beziehungsweise nicht warten kann, das jetzt sofort getan werden muss.

Procrastination hingegen bedeutet **Aufschiebezwang**. Man hat ein Problem damit, mit dem Arbeiten anzufangen.

Aufgrund dieser Vermeidungstendenz wird Unangenehmes vor sich hergeschoben und dafür ständig ein schlechtes Gewissen in Kauf genommen.

Präcrastination und Procrastination können physische und psychische negative Auswirkungen haben. Je extremer ausgeprägt sie sind, um so schädlicher können die Folgen sein: Unzufriedenheit, Verspannungen, Schuldgefühle, ein immer geringeres Selbstwertgefühl, Versagensängste, Depressionen in beiden Fällen; Stresskollaps, Burn-out bei der Zuvieltunproblematik, bei der Zuwenigtunproblematik Existenzangst, Selbstwertverlust.

Das wünsch` ich mir –

ein Leben immer mehr in der Balance.

Eine Lebensweise,

in der Arbeit und Freizeit,

fremdbestimmtes Tun

und selbstbestimmtes Tun

immer mehr im Einklang sind.

DIE ABER-STRATEGIE

Worte haben Macht. Im mentalen Training achtet man darauf, wie man mit der Sprache umgeht - was man sagt, wie man es sagt. Hier ein ganz alltägliches Beispiel:

A. überlegt: Ich möchte an die frische Luft gehen, aber es regnet ziemlich stark.
B. registriert: Es regnet ziemlich stark, aber ich möchte an die frische Luft gehen.

Lesen Sie die beiden Sätze laut und Sie werden wissen, welcher von beiden wohl seinen Anorak nehmen und aus dem Haus gehen wird.

Stellen Sie also die betonte **wichtige Aussage**, das, was Sie in die Tat umsetzen möchten, **hinter das Aber.** So können Sie sich selbst motivieren, auch wenn die Umstände eher dagegensprechen.

Ich sollte mal ausspannen, aber ich habe keine Zeit dazu.

Ich habe keine Zeit, **aber** ich sollte mal ausspannen –
und ich spanne aus und **ich nehme mir die Zeit!**

Ich bin nicht in der Stimmung,
habe eigentlich Wichtigeres zu tun.

Aber ich fange zu arbeiten an – **JETZT!**

Arbeite an dir mit brennender Geduld!

Ein Impuls zum Hinspüren,
welche Energie diese Aufforderung ausdrückt,
kraftvoll und achtsam zugleich.

„Mit brennender Geduld" Titel eines Romans von Antonio Skarmeta
über den chilenischen Nobelpreisträger für Literatur Pablo Neruda 1973.

Ein Paradoxon -
eine widersinnige Behauptung, die ein wahrheitsfindendes Hinterfragen,
eine tiefere Erkenntnis auslösen soll.

Durch bewusstes Tun

Durch mein Sein im Hier, im Jetzt

schenke ich mir Zeit

HAIKU

SCHRITT FÜR SCHRITT

Eine **Klientin** berichtet von dem Ereignis, das sie veranlasst hat, ein Coaching zu buchen.

Sie saß weinend und blutend in der Küche am Boden, um sie herum Teller, Tassen, Besteck, Essensreste.

Was war passiert? Sie trug ein Tablett in beiden Händen, bemerkte auf dem Weg vom Esstisch zur Ablagefläche im Kochbereich eine Flasche auf einer Kommode und versuchte, diese auch aufzunehmen.

Das Tablett rutscht ihr aus den Händen, knallt zu Boden, sie gleitet auf einem Kaffeerest aus, fällt hin, verletzt sich mit dem Brotmesser am Arm, schlägt sich den Kopf an.

Es war ein Wake up call für sie. Im Coaching wurde ihr immer mehr bewusst, dass sie sich wie in einem Hamsterrad fühlte. Sie erkannte, dass selbst einfache Alltagsarbeiten wie Tischabräumen ein effizientes Handeln erfordern, und sie verstand, wie wichtig ein Neinsagenkönnen ist, auch zu sich selbst.

Sie lernte aus dieser schmerzhaften Erfahrung und konnte ihre Arbeitshaltung, ihre Lebensweise ganz allgemein überdenken.

Die Zen Geschichte von der Axt hängt seitdem in ihrem Home office.

(S.101)

Wir sind durchaus fähig, mehrere Aufgaben zeitnah im mentalen Arbeitsspeicher zu organisieren, das Potential des Gehirns ist immens. Wir müssen uns allerdings damit abfinden, dass wir nun mal nur zwei Hände haben.

Gleichzeitig etwas erledigen zu wollen, kann zeitaufwendiger und stressiger sein als durchzuatmen, **Minutenpausen** einzulegen und **Etappenziele** zu erreichen.

(siehe Pausesignale S. 100 und Impulse zum erfolgreichen Lernen S. 122)

MEIN MENTALER MINUTENURLAUB

EIN IMPULS FÜR PRÄCRASTINATOREN

Wollen Sie sich, sobald Sie den Text zu Ende gelesen haben, einige Minuten Zeit für sich nehmen?

Setzen Sie sich bequem hin. Schließen Sie die Augen und konzentrieren Sie sich auf Ihren Atem.

Genießen Sie den natürlichen Rhythmus des Einatmens und des Ausatmens ...

Lassen Sie sodann innere Bilder aufsteigen, heilsame Bilder, eine schöne Landschaft etwa, den blauen Himmel, Wasser, bewegt oder still ...

Und vielleicht sehen Sie in Ihrer Vorstellung lebhafte Bilder und Szenen

und genauso mag es erst mal genügen, sie sich einfach genau zu beschreiben.

Und dann gehen Sie in Gedanken an einen Ort, an dem Sie sich wohl fühlen ...

Dies kann ein Ort sein, den es in der Realität gibt, an dem Sie einmal waren oder auch immer wieder sind oder Sie erträumen sich Ihren ganz eigenen Ort der Entspannung.

Und Sie sagen zu sich:

Immer wenn ich einige Male bewusst tief durchatme, taucht vor meinem inneren Auge mein ganz persönlicher Entspannungsort auf.

Die nächsten x Minuten sind genau die Zeit, die ich brauche, um zu genießen, was es zu sehen, zu hören, zu erleben gibt, und um mich zu erholen, zu regenerieren.

Und ich lege meine Hände ineinander in dem Bewusstsein:

Nicht die Zeit hat mich im Griff, sondern ich habe die Zeit im Griff.

Und sobald ich die Augen wieder öffne, fühle ich mich frisch und munter, körperlich entspannt und geistig fit.

ICH BIN STOLZ AUF MICH

EIN IMPULS FÜR PROCRASTINATOREN

Dieser Impuls zur **Selbstregulierung** ist für Procrastinatoren gedacht, für Menschen mit Aufschiebezwang. Die Vermeidungstendenz bezieht sich hier auf geistige Arbeit, und bis zu einem gewissen Grad auch auf praktisches Tun.

Ich entscheide mich, nicht jetzt, sondern erst in etwa 10 Minuten mit der Arbeit zu beginnen. Diese Zeit nehme ich mir ganz bewusst. Ich schenke sie mir. Allerdings unter einer Bedingung. Diese Zeit nehme ich nicht dazu her, etwas gewohnt Angenehmes zu tun wie zum Beispiel …

Ich ziehe mich zurück, schließe die Augen und besinne mich auf meine Atmung und führe dann ein Selbstgespräch etwa mit folgenden Worten:

Wenn ich meine Augen wieder öffne, ist das Erste, was ich tue, einen Timer auf 60 Minuten einzustellen. Ich nehme mir vor, eine Stunde zu arbeiten. Sodann fange ich an zu arbeiten – sofort.

Sobald der Timer läutet, höre ich zu arbeiten auf, und sei es nur für einige bewusste tiefe Atemzüge lang.

Erlaubt ist natürlich noch eine Notiz, um eventuell einen Gedanken einzufangen, ein Handgriff, um ein Gerät abzuschalten etwa …

Diese kurze Zeitspanne nutze ich, um mir meine Stimmungslage bewusst zu machen.

Ich habe gearbeitet, selbstbestimmt gearbeitet, so konzentriert wie nur möglich. Gut so. Ich bin stolz auf mich.

Die Qualität meiner Arbeit bewerte ich jetzt nicht.

Wenn Sie jetzt Lust darauf haben, weiter zu arbeiten, ist schon viel gewonnen, ein Schritt zu einer gesünderen Arbeitshaltung.

Möchten Sie lieber für den Moment aufhören, dann entscheiden Sie sich bewusst dafür, eine Pause zu machen, am besten eine Pause, sinnvoll genutzt.

(siehe Pausesignale S. 100)

Gehen Sie dann neu motiviert das nächste Teilziel an.

(siehe Impulse zum erfolgreichen Lernen S. 122)

SIND DIE GRÜNDE FÜR EINE VERMEIDUNGSTENDENZ IN DER PERSÖNLICHKEIT ZU FINDEN, VERSAGENSÄNGSTE ETWA, DANN IST EINE PROFESSIONELLE BEGLEITUNG ANGEZEIGT.

A WAKE-UP CALL

Ich ging einen weg

Ich hatte ein ziel

Damals

Ich gehe unverdrossen

Gönne mir kaum einmal rast

Mein gepäck wiegt schwer

Lauter wichtige sachen

Wenn man mich fragt

Gebe ich auskunft

Ich mache das gern

Und zuverlässig

Das ist meine art

Im gleichschritt gehe ich selten

Meist etwas schneller

Ich gehe am liebsten voran

Und einmal bin ich ein Stück

Mit jemand gemeinsam gegangen

Aber nicht lange

Es hat nicht gepasst

Irgendwie

Und dann

Eines tages

Kam ich ins stolpern

Und fast wär ich gestürzt

Der Fuß tat mir weh

Ich musste mich setzen

Und mein Gepäck abstellen

Ungern

Wenn ich schneller bin

Morgen

Kann ich sie aufhol`n

Die verlorene zeit

Und dann erschien mir ein engel

Ein erklärbares phänomen

Wenn man aufhört zu gehen

Habe ich einmal gelesen

Der engel machte mir einen vor-

schlag

Er würde mich hinfliegen zum ziel

Wenn ich ihm genau beschriebe

Wo das denn sei

Das war die chance

Ich konzentrierte mich

Und erlitt einen black out

Das kann passieren

Wenn man sich anstrengt

Also

Ganz ruhig und entspannt

Aber ich weiß nicht

Wie man das macht

Und noch dazu

Jetzt

Mit dieser chance an der hand

Ich fühl mich nach weinen

Ich weine doch nie

Ich hab` noch nie so geweint

So endlos

Es weinte aus mir

Und irgendwann schlief ich dann ein

Und irgendwann später

Wachte ich auf

Der engel war weg

Das überraschte mich nicht

Auch die haben es eilig

Ich stemmte mich hoch

Streckte mich

Bewegte den fuss

Es tat nicht mehr weh

Ich fühlte mich nicht mal so schlecht

Also los

Ich bin wieder im rennen

Selbst ist der mensch

Und heute bin ich doppelt so

schnell

Was dann geschah

Ohne warnung

Vergesse ich nie

←

Diesmal erschien mir kein engel
Lauter hässliche fratzen waren plötzlich um mich
Und die grinsten und höhnten und
verspotteten mich

Wo willst du denn hin
Was willst du denn dort
Wer hat dich geschickt
Wann genau musst du dort sein
Wer erwartet dich dann
Weshalb ist es so wichtig
Möglichst bald dort zu sein

Ein unerträglicher lärm
Die fragen taten körperlich weh

Und dann wurde mir schwarz
Vor den augen
Ich fiel
Immer tiefer
Dass schwarz so finster

Und eng
Und rasend
Grundlos sein kann
Ich war außer mir
Es war dann vorbei

Ich kam wieder zu mir
Machte die augen auf
Oder – wie man so sagt – sie gin-
gen mir auf
Ich hatte die antwort auf fragen
Wo worte nicht greifen

Ich wunderte mich nicht
Als ich den engel wieder erkannte
Ziemlich weit weg
Von hinten
Aber deutlich

Und ich stand auf
Und ging ihm nach

Das gepäck ließ ich stehn

Mein schritt war jetzt

Ruhig

Und sicher

Ich fühlte mich gut

Denn ich erkenne die richtung

Ich geh` meinen weg

Im gleichschritt mit mir

Mit offenen augen

Mit offenem herzen

Meine reise ist schön

Mein leben ist schön

Ich bin ...

Jetzt

In diesem moment

GELA SALÍS

KOMMUNI-
KATION

DIE KOMMUNIKATION
– EIN KABELSALAT

Kommunikation ist ein hochkomplexer Vorgang mit einer ganz eigenen Dynamik.

Anhand von Modellen wird versucht, ihn zu analysieren.

Bekannt ist das Kommunikationsquadrat von Friedemann Schulz von Thun. Den Mitteiler nennt er Sender und den, der die Botschaft erhält, Empfänger.

Der Sender zum Beispiel schickt eine Nachricht als Sachinformation, in der aber auch unterschwellig Selbstoffenbarung, Beziehung, Appell liegen können.

Und nicht nur die Formulierung, auch Mimik, Gestik, Tonfall, Körpersprache spielen eine Rolle.

Wie kommt die Botschaft beim Empfänger an?

Schulz von Thun spricht vom vierohrigen Empfänger, je nachdem wie die Nachricht von ihm aufgenommen wird.

In der Transaktionsanalyse wird Kommunikation folgendermaßen erklärt:

Jeder spricht aus einem von drei Persönlichkeitsebenen heraus.

Ist sein Erwachsenen-Ich am Zug, oder ist sein Eltern-Ich oder sein Kindheits-Ich im Moment dominant?

Und auch hier wieder: Aus welcher Ich-Ebene heraus reagiert der Empfänger auf die Botschaft.

Impuls für den Alltag

Wir haben festgestellt, dass das Wissen um Kommunikationsmodelle sehr hilfreich sein kann.

Die Umsetzung im Alltag ist allerdings nicht ohne Fallen.

Ein Partner kann sich sehr unwohl fühlen, wenn er spürt, dass der Andere Kommunikationsmodelle im Kopf hat, mit denen er den Gesprächsverlauf, die Reaktion des Gegenübers und eventuell auch sich selbst laufend analysiert

Also, Techniken sollten in den eigenen Gesprächsstil integriert sein, bevor sie angewendet werden.

Was angelernt wirkt, kommt meist nicht gut an.

Respektieren Sie, dass jeder Mensch sein ganz eigenes Weltbild besitzt.

Kommunikation ist nun mal ein verbaler Kabelsalat und lässt sich am besten mit Sachlichkeit und mit Empathie und bisweilen auch mit einer Prise Humor entwirren.

DIE SANDWICH KRITIK

Eine kritische Äußerung wird zwischen lobenden Worten einge-
packt.

Der Kritisierende beginnt und beendet das Gespräch mit einem
Lob.

Warum? Er will Rapport schaffen, eine gute Emotion beim Gegenüber erzeugen.

Das ist an sich in Ordnung.

Aber hat er das Gefühl, dass der Andere eine Kritik so besser
verträgt?

Oder ist er selbst jemand, der sich unwohl fühlt, wenn er wohl-
gemerkt berechtigte Kritik anzubringen hat?

Das Ergebnis wird wohl etwa so aussehen:

Der Kritisierte fühlt sich unangenehm berührt, nicht ernst genommen, vorgeführt.

UNSER SOMO
KRITIK IMPULS

Möglicherweise haben Sie von Sandwich Kritik bereits gehört, sie in einem Workshop geübt und an sich selbst erfahren.

Für uns, vom SoMo, war diese Technik Anlass für eine interessante Diskussion.

Wir arbeiten mit so viel Freude miteinander, hinterfragen jeden Impuls, der in diesem Buch beschrieben wird, inwieweit er Ihnen, liebe LeserInnen, nützt.

Wir kritisieren uns laufend gegenseitig, könnte man sagen.

Diese Kritik ist willkommen, sie geschieht in gegenseitiger Wertschätzung.

Jede Kritik mit einem Lob zu beginnen,

– *Ich finde es gut, dass du diese Idee eingebracht hast.*

oder *Es freut mich sehr, dass dir meine Meinung wichtig ist.* –

finden wir beide überflüssig. Warum?

Wir mögen uns und wissen, was wir aneinander haben.

Also, wenn eine Situation Kritik erfordert, dann sollte man dem anderen auf der Sachebene begegnen.

Kritik muss nicht in Watte gepackt werden.

Konstruktiver sind vielmehr Respekt und Einfühlungsvermögen.

TOP SECRET: WIR SIND NICHT NUR KOLLEGEN, SONDERN AUCH MUTTER UND TOCHTER.

MEINE EINZIGARTIGE WELTSICHT

Wir fassen Gedanken in Worte - in einem inneren Dialog, in der Kommunikation, im schriftlichen Ausdruck.

Um vom lauten Denken, vom Sprechdenken, zum Sprechen zu kommen, durchlaufen unsere Gedanken

einen Veränderungsprozess der *Tilgung* – wir können nicht „alles" verarbeiten, was wir wahrnehmen -,

der *Verzerrung* – was wir wahrnehmen, können wir nur ungenau verarbeiten -,

der *Generalisierung* – was wir wahrnehmen, ordnen wir bereits gemachten Erfahrungen zu.

Jeder Mensch macht sich je nach Alter, Geschlecht, Kulturkreis, Sozialgefüge, Bildungsgrad, Vorerfahrungen ein eigenes Bild von der realen Welt.

Auch das Repräsentationssystem, d.h. mit welcher Gewichtung die fünf Sinneskanäle an der Verarbeitung von Informationen beteiligt sind, lässt uns die Welt auf eine ganz individuelle Weise erkennen.

Jeder Mensch ist einzigartig in seinem Wahrnehmen und Denken, in seinem Sprechen und Handeln.

Sie hören Ihrem Partner zu und sagen vielleicht:
Aha, ich verstehe, was Du meinst.
Eigentlich könnte es etwa wie folgt heißen:

Ich höre Dich. Aufgrund meiner eigenen subjektiven Wahrnehmung und meiner eigenen Vorerfahrungen bilde ich mir jetzt eine eigene Meinung über das, was Du gerade gesagt hast.

←

Es wäre ratsam, wenn diese Sätze als Wandspruch
in jeder Wohnung,
in jedem Büro,
in jedem Unternehmen hängen würden.

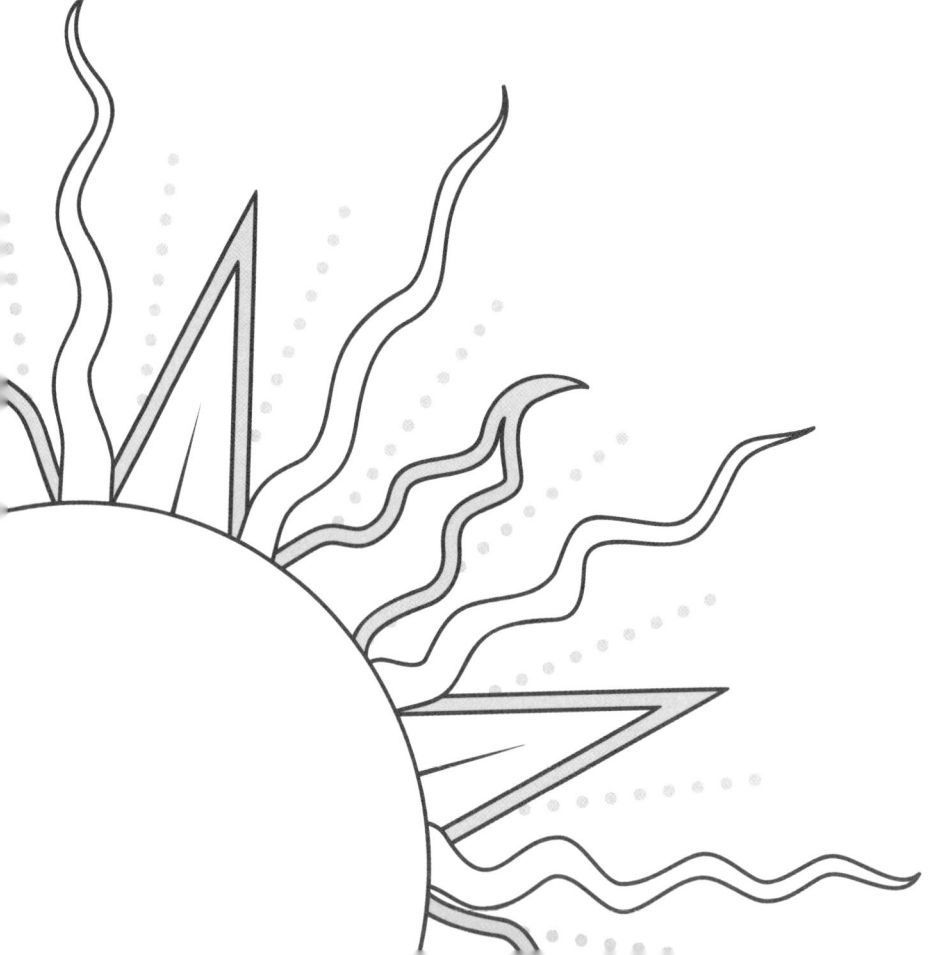

Wir nehmen die Welt

durch unsere Sinne wahr.

Jeder erlebt die reale Welt

auf seine ganz besondere,

individuelle Art und Weise,

jeder macht seine eigenen Erfahrungen.

Dadurch entsteht eine nur ihm

eigene Wirklichkeit.

WIE HUND UND KATZ´

Wenn Menschen aneinander vorbeireden,
sich nicht verstanden fühlen,
dann kann es helfen,
andere Wege in der Begegnung zu finden.

Bellen und miau'n
Ich bin ich und du bist du
Schweigendes Versteh'n

HAIKU

SCHAU MICH AN, WENN ICH MIT DIR REDE!

Die Position der Augen zeigt an, ob ein Mensch vorrangig in Bildern, in Klängen oder in Gefühlen denkt.

Wir bewegen die Augen in unterschiedliche Richtungen, je nachdem, auf welche Weise wir Zugang zu unseren Denkprozessen bekommen. Dies geschieht automatisch, unbewusst.

Es gibt „Regeln", welche Augenposition jemand einnimmt, um innerlich etwas zu sehen, zu hören, zu fühlen.

Allgemein gilt, wir haben Zugang zu inneren Bildern, wenn wir nach oben schauen, zu Klängen, wenn wir die Augen seitlich bewegen und zu unseren Gefühlen, wenn wir nach unten schauen.

Es gehört Übung dazu, daraus das bevorzugte Repräsentationssystem des Gegenübers zu erkennen, da die Augenbewegungen sehr schnell erfolgen und außerdem weitere Faktoren wie Körperhaltung und Stimme zu berücksichtigen sind.

Ein Impuls für den Alltag:

Manchen Menschen fällt es schwer, in einem Gespräch Blickkontakt zu halten. Bewegen sie ihre Augen seitlich, wenn sie selbst reden, dann hören sie ihrer eigenen Stimme zu und fühlen sich irritiert, wenn sie gleichzeitig ihr Gegenüber ansehen sollten. Sie mögen es auch nicht, wenn sie durch Zwischenbemerkungen unterbrochen werden. Auch möchten sie ihre Sätze zu Ende bringen, wenn sie keine Zuhörer mehr haben.

Also, es bedeutet nicht, dass Sie als Gesprächspartner nicht wahrgenommen, nicht ernstgenommen werden. Der andere kommuniziert eben auf seine eigene Weise.

Noch ein Impuls:

Erwarten Sie nicht, dass die Person, der Sie etwas mitteilen wollen, Ihnen zuhört, wenn diese nach unten schaut. Sie ist in diesem Moment in ihrer inneren Welt.

Also, abwarten, Blickkontakt aufnehmen und dann erst reden.

AKTIV ZUHÖREN

Dieser Begriff steht für gelingende Kommunikation.

Regeln sind u.a.:

Spiegeln der Körperhaltung

Führen durch den Atem

Paraphrasieren für besseres Verständnis

Eigene Emotionen zurückstecken

und:

Geben Sie Ihrem Gesprächspartner das Gefühl, er sei für Sie der wichtigste Mensch auf der Welt – für diese Zeit jedenfalls.

Dies ist eine Grundhaltung, die auch für jeden guten Therapeuten eine Selbstverständlichkeit ist.

Wie aber sieht es im Alltag aus?

Angenommen beide Partner kommen ziemlich zur gleichen Zeit erschöpft von der Arbeit nach Hause.

Jeder würde gerne seinen Frust beim anderen abladen.

Weder der eine noch der andere fühlt sich momentan in der Lage, zuzuhören, schon gar nicht aktiv zuzuhören.

Setzen Sie sich nicht selbst unter Druck, empathisch reagieren zu „müssen", wenn Sie sich für den Moment Aufmerksamkeit und Mitgefühl für die eigene Person wünschen.

Eine echte **Ich-Botschaft** könnte so lauten:

Ich bin total fertig.

Lass uns erst mal etwas zur Ruhe kommen und dann reden wir.

Noch eine Anmerkung zu Nähe und Distanz:

Der Eine kann sich leichter entspannen, wenn er körperliche Nähe spüren darf, der Andere zieht sich lieber zurück.

Ich bin ich und du

bist du – ein WIR kann entsteh'n,

sobald du's verstehst.

HAIKU

WIE ICH DIR BEGEGNEN MÖCHTE

Man kann, darf, soll den Anderen nicht ändern.

Wir können die Menschen, die in unserem Umfeld leben, sei es beruflich, sei es privat, achtsam und respektvoll auf ihrem Lebensweg begleiten.

Eine Begleitung, die nicht zerrt, nicht schubst, nicht überfordert – und die ebenso nicht zulässt, dass sie gezerrt, geschubst, missachtet wird.

Seinen Partner darf man weder als Zeitstrukturierungshilfe missbrauchen noch zulassen, dass er wie ein Klammeraffe agiert nach dem Motto *Was würde ich nur ohne dich tun?*

I want to love you without clutching,
appriciate you without
judging,
join you without invading,
invite you without demanding,
leave you without guilt,
critizise you without blaming,
and help you without insulting.

If I can have the same from you
then we can truly meet and enrich each other.

VIRGINIA SATIR, AMERIKANISCHE
FAMILIENTHERAPEUTIN 1916-1988

EINE PARTNERÜBUNG FÜR GEGENSEITIGES VERSTEHEN OHNE WORTE

Setzen Sie sich Rücken an Rücken auf den Boden.

Besprechen Sie vorab, wer die Übung beginnen wird (Partner A oder Partner B) und vereinbaren Sie eine Geste, sobald einer einen Wechsel wünscht.

Atmen Sie beide so kräftig, dass der Partner die Atembewegungen deutlich spürt.

Partner A atmet in seinem eigenen Rhythmus, während Partner B sich einfühlt und anpasst.

Partner B atmet in seinem eigenen Rhythmus, während Partner A sich einfühlt und anpasst.

Dann atmen beide im gleichen Rhythmus weiter - Momente des Zusammenseins.

Heute führst du und

dann lässt du dich führ'n von mir

Respektvolles Wir.

HAIKU

DIE
W-FRAGEN

IMPULSE FÜR POSITIVE VERÄNDERUNGEN

Ein Ungleichgewicht kann viele Gründe haben. Auf der Suche nach Lösungen gilt es, genauer hinzusehen, hinzuhören, hinzuspüren.

Gezielte Fragen, sogenannte **W-Fragen** geben uns einen strukturellen Rahmen, damit wir trotz der Komplexität von Veränderungsarbeit - Veränderung auf einer Ebene hat immer auch eine Auswirkung auf den ganzen Menschen - einen Anhaltspunkt für eine Intervention finden können.

Ich halte mir sechs ehrliche Diener.

Sie lehrten mich alles, was ich weiß.

Ihre Namen sind WO, WARUM

und WANN

und WER und WAS und WIE.

RUDYARD KIPLING
SCHRIFTSTELLER 1865 - 1936

←

Lösungen für Veränderungen können leichter gefunden werden, wenn der Fokus erst einmal auf die unteren Ebenen gerichtet wird.

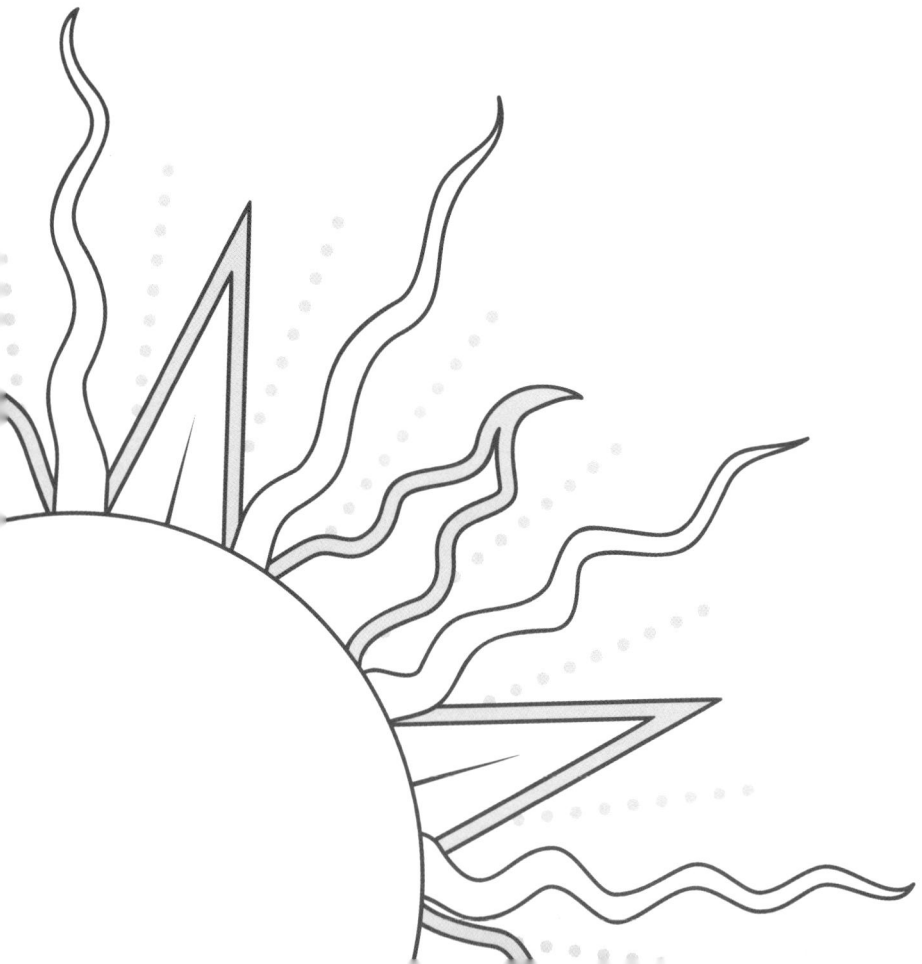

Ein Bespiel für eine erfolgreiche Intervention auf der WO-Ebene:

Die Ehe einer **Klientin** kam wieder ins Lot, als sich das Paar nicht mehr wegen eventuell getrennter Schlafzimmer stritt, sondern sich für ein extragroßes Doppelbett entschied **(Die Wo-Ebene)**, gemeinsam Angebote verglich - entspannt und friedlich sogar! **(Die Wie-Ebene)** - und umgehend ein Bett, das beiden gefiel, kaufte **(Die Was-Ebene)**.
Auch für den unterschiedlichen Schlaf- und Wachrhythmus wurde ein Kompromiss erzielt **(Die Wann-Ebene)**.
Ein „Wertesatz": Eheleute haben in einem gemeinsamen Zimmer zu schlafen **(Die Warum-Ebene)** wurde von beiden hinterfragt, aufgelöst und neu definiert.

Das unterschiedliche Nähe - und Distanzbedürfnis des Paares **(Die Wer-Ebene)** konnte auf diese Weise besser befriedigt werden.

Die professionelle Begleitung hätte sich sicherlich viel zeitaufwendiger gestaltet, wenn am Beginn der Beratung, anstatt das Ambiente zu überdenken, auf der Wer-Ebene nach einer Lösung gesucht worden wäre.

DER WO-IMPULS

Visualisieren Sie die Umgebung,
in der Sie wohnen
und in der Sie arbeiten.
Kleine Veränderungen schon können Großes bewirken.

Überlegen Sie, wo Sie etwas so verändern oder
ergänzen können,
damit es für Sie optimal ist.
Das sind Sie sich wert.

Variable Arbeitshaltungen beeinflussen die Gehirnleistung positiv.
Das gelingt etwa mit einem höhenverstellbaren Schreibtisch.

**Ich schaffe einen ergonomischen Arbeitsplatz,
das bin ich mir wert.**

DER WANN-IMPULS

Vertrauen Sie darauf, mit dem Kopf zu wissen
und mit dem Herzen zu spüren,
wann der **richtige Zeitpunkt** da ist
für positive Veränderungen.

Meinungen Anderer hören,
konstruktive Kritik annehmen,
Manipulation erkennen
und dann Selbstverantwortung übernehmen
und selbst entscheiden.

JETZT

ist der Augenblick der Macht

HUNA AXIOM

←

DER WAS-IMPULS

Rufen Sie sich ins Bewusstsein,
was Sie können,
was Sie lernen wollen
und was Sie tun würden
und tun werden,
sobald Sie sich selbst nicht mehr beschränken.

Gönnen Sie sich einen Tagtraum,
in dem Sie sich in jeder Hinsicht optimal verhalten – einfach
perfekt.

Ich bin perfekt,

so wie ich bin,

jetzt –

in diesem Moment.

←

DER WIE-IMPULS

Geht nicht, gibt´s nicht.

Erinnern Sie sich an Situationen, die zu diesem Slogan passen, und die Sie mit Ihrem Ideenreichtum gemeistert haben.

Erzählen Sie sich selbst eine Geschichte, wie eine ausweglos erscheinende Situation ein gutes Ende gefunden hat,
weil Sie die angemessenen Strategien angewendet haben,
weil Sie genau das getan haben, was zu tun war.

Bless the present

Trust yourself

Expect the best

SERGE KING THE ALOHA SPIRIT

DER WARUM-IMPULS

Warum tun wir, was wir tun,

bei alltäglichen Entscheidungen und bei großen Entscheidungen?

Wenn ein Lebensprogramm heißt: Ich mache das, was schon immer nicht funktioniert hat, dann gilt es, nachzudenken, nachzufragen, umzudenken.

Eine existentielle Frage:

Haben wir einen freien Willen oder sind wir fremdbestimmt?

Welche Annahme ist hilfreicher, konstruktiver?

Wir tun einfach so, als ob wir selbstbestimmt seien und handeln entsprechend.

So tun, als ob - eine NLP Strategie

(NLP NEUROLINQUISTISCHES PROGRAMMIEREN)

Gefällt Ihnen der Satz –

Freiheit bedeutet, mindestens 3 Wahlmöglichkeiten zu haben?

Nehmen Sie sich die Zeit und den Freiraum,

Optionen zu erkennen.

⟶

Die Entscheidung war gut.

Kopf und Herz, Mind und Gefühl

im Einklang in mir.

HAIKU

DER WER-IMPULS

Jede Veränderung, ganz gleich auf welcher Ebene, ist nur dann von Dauer und befriedigend, wenn sie sich mit dem Bild, das wir von uns selbst haben, unserer Identität, vereinbaren lässt.

Atmen, bis Ruhe einkehrt und das **Ego** sich entspannen kann und dem **Ich** ein Lächeln entlockt, weil es mehr Klarheit gewinnt und im Einklang ist mit dem **Selbst**, der Quelle des Seins.

Ich bin

klar, souverän.

Ich bin

in meiner Mitte.

Ich bin

in der Balance, im Gleichgewicht.

Ich bin

perfekt, so wie ich bin, jetzt in

diesem Moment.

Ich bin

im Einklang mit mir.

ICH BIN ...

EGO-ICH-SELBST

Diese Begriffe lassen sich
aus philosophischer,
psychologischer,
pädagogischer,
spiritueller Sicht
definieren.

This above all to thine own self be true

SHAKESPEARE: HAMLET

Diese zusammengesetzten positiven Substantive
zeigen das Selbst als die Basis unseres Seins auf.

SELBSTWERT

Selbstsicherheit Selbstbewusstsein

Selbstachtung Selbstverantwortung

Selbstbestimmung Selbstvertrauen

Selbstakzeptanz

Selbstkontrolle Selbststeuerung

SELBSTLIEBE

ÜBRIGENS:
SELF-CONSCIOUS WIRD OFT MIT SELBSTBEWUSST ÜBERSETZT
SELF-CONSCIOUS = BEFANGEN, GEHEMMT
SELF-CONFIDENT = SELBSTSICHER, SELBSTBEWUSST

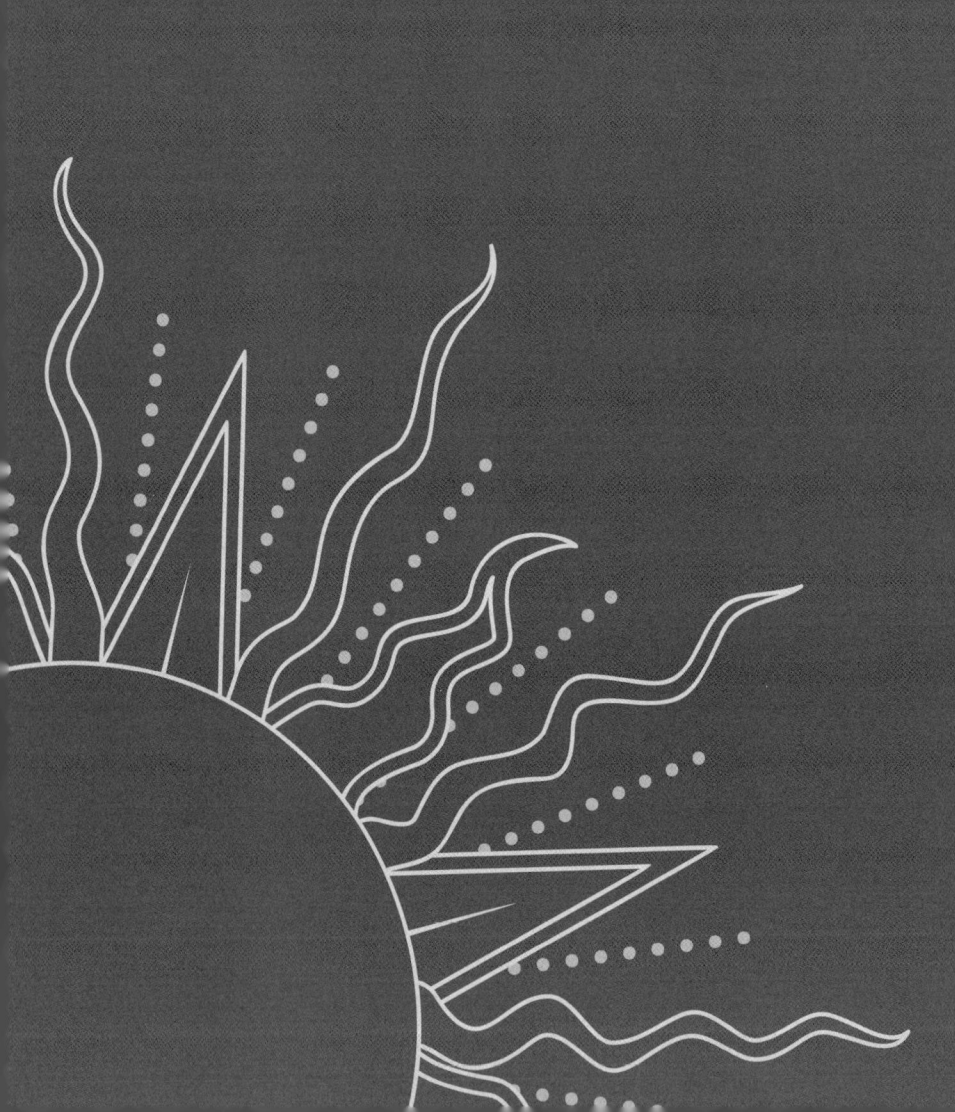

ZIEL VORHABEN

IMPULSE FÜR DIE ZIELARBEIT

Wo stehe ich?

Wo will ich hin?

Warum will ich hin?

Was hilft mir, vorwärtszukommen?

Was bremst mich?

Wie emotional aufgeladen ist meine Situation?

Die mentalen Techniken können erfolgreich eingesetzt werden, um gute Vorsätze Realität werden zu lassen – das Ablegen einer schlechten Gewohnheit etwa bis hin zu einer grundlegenden Änderung des Lebensstils.

Größere Vorhaben sollten als ein Projekt gesehen werden, das – will es zum Erfolg führen – einen bestimmten Prozess durchlaufen muss, vom Einholen seriöser Information, einer ehrlichen Selbstexploration, dem Einsatz situationsadäquater mentaler Strategien bis hin zur Initiative, den ersten Schritt zu tun.

Die **ppP- Formel** des Mentalen Trainings
positiv – präzise – im Präsens
wird den guten Vorsatz zur Realität werden lassen.

Positive bekräftigende Sätze, Affirmationen geben der nötigen Motivation immer wieder neue Kraft.

Eine **präzise Formulierung** des Vorhabens hilft bei der Umsetzung.

Im Präsens – im entspannt-konzentrierten Zustand multisensorisch, mit allen Sinnen die Zukunft in die Gegenwart holen, das gibt dem Wunsch nach einem Anders-, Besserwerden die Energie, die es braucht, um den Vorsatz so spannend, so wünschenswert, so erfüllbar wie nur möglich zu machen.

←

AB MORGEN WIRD
ALLES ANDERS

Diese Sprechweise ist vage und folglich wenig erfolgverspre-
chend, also wird der Vorsatz präzisiert:

Warum ist Veränderung angesagt?

Weil ich es an mir nicht mehr akzeptieren kann -

weil ich es jemandem zuliebe ändern will -

weil ich weiß, dass das, was ich tu, nicht gut ist für mich,

für andere,

für die Umwelt …

Wenn es sich um ein eingefahrenes, vielleicht sogar selbstschädi-
gendes Verhalten gehandelt hat, dann bedenken Sie bitte, dass
„Hinfallen" passieren kann, gerade wenn die neue Lebensweise
als sehr frustrierend empfunden wird, aber dass „Wiederaufste-
hen", das ist, was den Unterschied macht, denn

Neuer Tag, neue Chance!

Bis eine erwünschte Verhaltensweise integriert ist, gilt der Satz:
1x durch die Jahreszeiten mindestens

MEIN GANZ BESONDERES VORHABEN

Nehmen Sie sich die Zeit, sich über Ihr Vorhaben X Klarheit zu verschaffen, Ihr Ziel präzise zu formulieren:

Was genau habe ich vor?

Passt *es* zu meiner Persönlichkeit?

Was wird sich positiv verändern, wenn ich *es* geschafft habe?

Welcher Zeitaufwand ist nötig?

Wie kann ich *es* in mein Tagesprogramm einplanen?

Welche Ressourcen stehen mir zur Verfügung?

Wann ist der Zeitpunkt für den ersten Schritt zur Verwirklichung?

Wie lässt *es* sich mit meinen beruflichen,

meinen privaten Verpflichtungen vereinbaren?

Kann ich auf Vorerfahrungen zurückgreifen?

Woran erkenne ich, dass ich *es* verwirklicht habe?

Je genauer Sie sich klar machen, was Sie wollen und warum sie *es* wollen, um so einfacher ist es für Sie, die passenden Strategien zu entwickeln und die Motivation aufrecht zu erhalten.

WEG VON – HIN ZU

Formulieren Sie gute Vorsätze positiv!

Also, anstatt zu sagen

Ich will nicht mehr so viel fernsehen, den Alkoholkonsum einschränken, das Rauchen aufhören, weniger essen ... drücken Sie es positiv aus.

Gar nicht so einfach, es fehlt nämlich noch das Zielbild. Es fehlt noch die motivierende Vorstellung davon, was man stattdessen tun könnte.

Versuchen Sie also **Weg von – Hin zu** lebendig werden zu lassen. Verabschieden Sie sich von **Weg von** mit Akzeptanz des Vergangenen und freuen Sie sich auf **Hin zu**.

Seien Sie ehrlich zu sich selbst.

Die Überzeugung *Ich könnte, wenn ich wollte* braucht die Unterstützung durch die Aufforderung

Wish it!

Dream it!

Do it!

Ich gönne mir einen Tagtraum, immer wieder.
In Fühlbildern lasse ich mein Zielbild lebendig
werden.

Ich will es schaffen und ich werde es schaffen,
und ich schaffe es, das bin ich mir wert.
Ich freue mich darauf.

Schritt für Schritt zum Ziel.

Neuer Tag,
neue Chance!

DER WEG
METAPHER FÜR DAS LEBEN

Der Weg ist das Ziel

KONFUZIUS, CHINESISCHER PHILOSOPH

551 v.Chr. – 479 v.Chr.

Die Ausrüstung:

Geduld, Achtsamkeit, Beharrlichkeit, Zuversicht, Vertrauen, Neugierde, Empathie

Die Strategien:

Etappenziele, Besinnung auf die Ressourcen

Die Begleitung:

im Gleichschritt gehen, vorangehen, führen können, sich führen lassen, warten können, Fürsorge zeigen

Die Umwege:

Optionen erkennen, flexibel sein, Rückschritte akzeptieren, Stillstand analysieren, Fortschritte würdigen, Irrwege erkennen, Auswege finden

Das Ziel:

Ankommen – bei sich

Two roads diverged

in a wood and I –

I took the one less traveled by,

and that has made all

the difference.

ROBERT FROST 1874 - 1963
DIE LETZTEN ZEILEN AUS DEM GEDICHT: THE ROAD NOT TAKEN

Sylvester, den Geburtstag, ein Jubiläum als einen Tag der Besinnung begehen, Rückschau halten auf das vergangene Jahr, auf die vergangene Zeit, eine Zwischenbilanz ziehen und Zielvorstellungen überdenken, sich über Erfolge freuen und sich fragen:

Habe ich meine Werte gelebt?
Bin ich mir selbst treu geblieben?

Und dankbar sein für alles Gute, das ich erleben durfte und um die Kraft bitten, alles Belastende, das ich erleben musste, ertragen zu können.

Werde der, der du bist

PINDAR GRIECHISCHER DICHTER +438 v. Chr.

←

Wer zur Quelle will, muss gegen den Strom schwimmen

HERMANN HESSE 1877 - 1962

Mainstream, der Massengeschmack, eine hypnotisierte Menge -
das, was ALLE wollen, was ALLEN gefällt?
Eine eigene Meinung haben und auch die hinterfragen!

Gegen den Strom schwimmen –
Habe ich die Kraft dazu?
Habe ich genug Ausdauer?

Möchte ich mich einfach treiben lassen, manchmal?
Kämpfen oder nachgeben?

Und was ist der Lohn?
Ankommen, bei der Quelle, bei mir – das Wasser ist klar,
es erfrischt, es reinigt.
Ich trinke und erkenne den Sinn meines Lebens –
ohne es in Worte fassen zu wollen.

Ich bin der, der ich bin.

Notizen

Das hat mich berührt S. …

Ein Impuls für klärende Gespräche S. …

Ein Impuls für interessante Diskussionen S. …

Ein Impuls zum Weiterforschen S. …

…

Weitere Produkte

FÜR ERWACHSENE

Der OnlineKurs Inner Balance
Stressbewältigung – Mentales Training – Persönlichkeitsbildung
für ein Leben immer mehr in der Balance

AudioMentalCoaching:
Timeless Beauty
Perfect Bodyfeeling
Inner Balance
Timeless Beauty
Relax and Fly
Respektful Leadership

FÜR KINDER

Mausebärs Gutenacht-Geschichten:
Band 1 Hallo, ich bin der kleine Mausebär!
ISBN: 9783966984843
Band 2 Mausebärs Winterschlaftraum
ISBN: 9783969664537
Band 3 Mausebärs Waldabenteuer

Das Kinderbuch vom kleinen Mausebär mit 12 Kapiteln

Shanias Geschichtenerzählezelt
(auf YouTube Kanal SoMo Bärchen)